뚝·딱·뚝·딱 배우는

인터넷
Microsoft Edge

이 책의 구성

먼저 인터넷의 개념과 다양한 기능 및 용어에 대해 알아보고 마이크로소프트 엣지를 실행하고 종료하는 방법과 화면 구성을 살펴보겠습니다.

01 인터넷이란?

인터넷은 전 세계의 컴퓨터가 서로 연결되어 정보를 주고받는 거대한 통신망으로 표준 인터넷 프로토콜 집합을 사용해 수십억 명의 사용자들에게 제공되는 서비스입니다. 개인, 학교, 기업, 정부 등을 유선, 무선, 광케이블 등의 기술로 연결하여 데이터 전송이 가능하게 합니다.

02 인터넷의 다양한 기능

전자 메일 서비스	편지와 같은 개념으로 이메일 주소를 가진 사람들이 인터넷을 통해 메일을 주고받을 수 있습니다.
인터넷 검색 서비스	정보 검색 사이트를 방문해 자료를 검색할 수 있습니다.
인터넷 전화 서비스	인터넷으로 휴대전화와 동일하게 통화할 수 있습니다.
인터넷 지도 서비스	인터넷에서 제공하는 지도를 활용해 이동 거리와 시간을 검색할 수 있습니다.
인터넷 방송 서비스	뉴스, 드라마, 예능, 시사교양 등 여러 가지 TV 프로그램을 인터넷으로 시청할 수 있습니다.
온라인 뱅킹 서비스	직접 은행을 방문하지 않고 온라인으로 은행 업무를 처리할 수 있습니다.
온라인 강의 듣기	학원에 가지 않고도 온라인 강의를 통해 학습할 수 있습니다.
온라인 게임 서비스	인터넷으로 온라인 게임을 할 수 있습니다.
전자상거래 서비스	인터넷에 개설된 쇼핑몰을 통해 상품을 구매할 수 있습니다.

8 뚝딱뚝딱 배우는 인터넷

도입
본격적인 학습에 들어가기 전 어떤 내용을 배울지 간략하게 소개합니다.

필수 내용
용어나 기능에 대한 기초적인 내용을 중심으로 쉽게 구성하였습니다.

즐겨찾기 이름 변경하기

01 즐겨찾기에 추가한 페이지의 이름을 변경하기 위해 [즐겨찾기(⭐)] 버튼을 클릭한 후 [예스24]를 마우스 오른쪽 버튼으로 클릭합니다. 바로 가기 메뉴가 나타나면 [이름 바꾸기]를 클릭합니다.

02 '독서클럽'을 입력한 후 Enter 키를 누릅니다.

30 뚝딱뚝딱 배우는 인터넷

큰 글씨와 큰 그림
초보자들을 위해 눈이 '탁' 트이는 큰 글씨와 큰 그림으로 구성하였습니다.

핵심어 강조
핵심어를 강조 표시해 놓았기 때문에 예제에서 따라할 내용을 빠르게 파악할 수 있습니다.

따라하기
단계별 설명과 지시선으로 초보자도 쉽게 따라
할 수 있도록 구성하였습니다.

알아두기
본문에서 다루지 못한 내용을 추가적으로 설명
합니다.

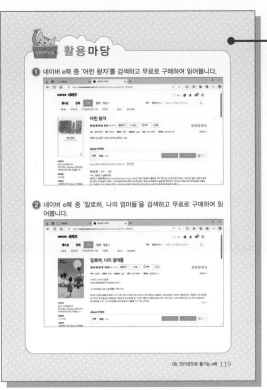

활용마당
앞에서 배운 내용을 복습할 수 있도록 응용 문
제를 제공합니다.

참고
마이크로소프트 엣지(Microsoft Edge)의 업데
이트에 따라 일부 기능 또는 이미지 표현이 교
재와 다를 수 있습니다.

목차(Contents)

10 실용적인 인터넷 생활

01 인터넷 시작하기

먼저 인터넷의 개념과 다양한 기능 및 용어에 대해 알아보고 마이크로소프트 엣지를 실행해 종료하는 방법과 화면 구성을 살펴보겠습니다.

01 인터넷이란?

인터넷은 전 세계의 컴퓨터가 서로 연결되어 정보를 주고받는 거대한 통신망으로 표준 인터넷 프로토콜 집합을 사용해 수십억 명의 사용자들에게 제공되는 서비스입니다. 개인, 학교, 기업, 정부 등을 유선, 무선, 광케이블 등의 기술로 연결하여 데이터 전송이 가능하게 합니다.

02 인터넷의 다양한 기능

전자 메일 서비스	편지와 같은 개념으로 이메일 주소를 가진 사람들이 인터넷을 통해 메일을 주고받을 수 있습니다.
인터넷 검색 서비스	정보 검색 사이트를 방문해 자료를 검색할 수 있습니다.
인터넷 전화 서비스	인터넷으로 휴대전화와 동일하게 통화할 수 있습니다.
인터넷 지도 서비스	인터넷에서 제공하는 지도를 활용해 이동 거리와 시간을 검색할 수 있습니다.
인터넷 방송 서비스	뉴스, 드라마, 예능, 시사교양 등 여러 가지 TV 프로그램을 인터넷으로 시청할 수 있습니다.
온라인 뱅킹 서비스	직접 은행을 방문하지 않고 온라인으로 은행 업무를 처리할 수 있습니다.
온라인 강의 듣기	학원에 가지 않고도 온라인 강의를 통해 학습할 수 있습니다.
온라인 게임 서비스	인터넷으로 온라인 게임을 할 수 있습니다.
전자상거래 서비스	인터넷에 개설된 쇼핑몰을 통해 상품을 구매할 수 있습니다.

03 인터넷의 다양한 용어

💬 웹 브라우저

웹 브라우저(Web Browser)는 브라우저 또는 인터넷 브라우저라고도 부르며 인터넷에서 정보를 검색할 때 사용하는 응용 프로그램을 말합니다.

■ 웹 브라우저의 종류

▲ 마이크로소프트 엣지(Microsoft Edge)

▲ 구글 크롬(Google Chrome)

> **알아두기** **마이크로소프트 엣지**
>
> 마이크로소프트 엣지(Microsoft Edge)는 마이크로소프트에서 개발한 인터넷 웹 브라우저입니다. 기존의 인터넷 익스플로러(Internet Explorer)보다 빠른 속도와 안전한 보안을 특징으로 하고, 윈도우 7 이상에서 사용할 수 있으며 윈도우 10 이상에는 기본으로 설치되어 있습니다. 오랫동안 사용되었던 인터넷 익스플로러는 2022년 6월 15일부로 지원이 종료되어 사용에 제한이 있습니다.

💬 웹 사이트

웹 사이트(Web Site)는 흔히 말하는 홈페이지를 의미합니다. 인터넷에서 검색을 하기 위해 방문하는 사이트를 포털 사이트라고 하는데 네이버, 다음, 구글 등이 있습니다.

▲ 네이버(www.naver.com)

▲ 구글(www.google.com)

💬 인터넷 카페

인터넷 카페는 공통의 관심사나 목표를 가진 사람들이 모이는 인터넷 공간입니다. 자원봉사, 취미, 정치, 종교 등 목적과 관심사에 따라 다양한 인터넷 카페가 있습니다.

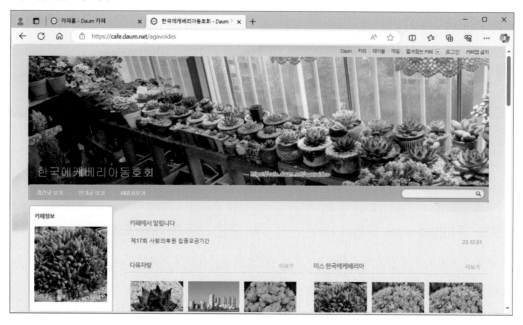

💬 블로그

블로그(Blog)는 웹(Web)과 로그(Log)의 합성어로 개인의 생각이나 느낌, 각종 정보를 작성해 많은 사람이 공유할 수 있도록 개방한 공간을 말합니다.

💬 인터넷 주소

개인마다 집 주소가 다르듯이 인터넷에 연결되어 있는 컴퓨터를 구분하기 위해 컴퓨터마다 서로 다른 인터넷 주소를 부여합니다.

알아두기 월드 와이드 웹

월드 와이드 웹(WWW: World Wide Web)은 일반적으로 '웹(Web)'이라고 하며 인터넷에서 정보를 쉽게 찾을 수 있도록 하는 서비스입니다.

■ 기관 종류에 따른 도메인

기관	한국인터넷진흥원에서 관리하는 도메인	미국에서 관리하는 도메인
영리기관	co	com
정부기관	go	gov
네트워크 관련 기관	ne	net

■ 국가 코드에 따른 도메인

국가	도메인	국가	도메인
대한민국(Korea)	kr	미국(United State of America)	us
일본(Japan)	jp	영국(United Kingdom)	uk

💬 네트워크

네트워크(Network)란 데이터를 전송할 수 있는 통신망으로 '컴퓨터 네트워크'는 분산되어 있는 컴퓨터를 통신망으로 연결해 놓은 것을 의미합니다.

01 마이크로소프트 엣지(이하 엣지)를 실행하기 위해 [시작(⊞)] – [Microsoft Edge]를 선택합니다.

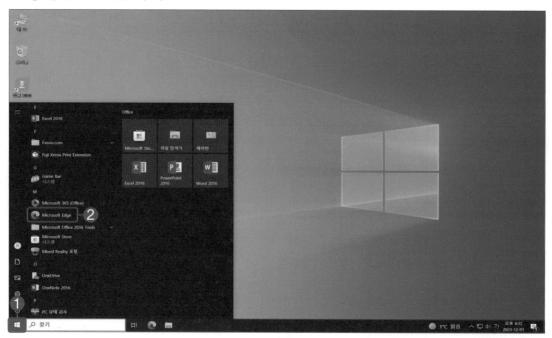

02 엣지를 실행하면 그림과 같이 엣지의 시작 화면이 나타납니다.

03 [닫기(×)] 버튼을 클릭해 엣지를 종료합니다.

클릭

알아두기

특정 탭만 종료하기

실행 중인 여러 개의 탭 중 특정 탭만 종료하고 싶다면 페이지 탭의 [닫기(×)] 버튼을 클릭하여 해당 탭을 종료합니다.

❶ **프로필**: 즐겨찾기, 검색 기록, 암호 등을 동기화하여 어느 기기에서나 동일한 환경으로 인터넷을 사용할 수 있습니다.

❷ **페이지 탭**: 각 사이트의 제목이 표시되어 있으며 열려 있는 사이트로 전환할 수 있습니다.

❸ **뒤로/앞으로**: 이전에 방문한 웹 페이지로 이동하거나 다음 페이지로 이동할 수 있습니다.

❹ **새로 고침**: 현재 웹 페이지의 변경된 정보를 다시 불러올 때 사용합니다.

❺ **홈**: 등록한 시작 페이지로 이동합니다.

❻ **주소 표시줄**: 현재 접속한 사이트의 주소가 표시되며 직접 주소를 입력하거나 검색어를 입력해 사이트에 접속할 수 있습니다.

❼ **즐겨찾기 추가**: 현재 사이트를 즐겨찾기에 추가합니다.

❽ **분활 화면**: 하나의 엣지 브라우저 화면에 두 개의 탭을 나란히 표시할 수 있습니다.

❾ **즐겨찾기**: 즐겨찾기해 놓은 웹 사이트로 이동하거나 즐겨찾기 목록을 관리할 때 사용합니다.

❿ **브라우저 필수 요소**: 브라우저의 성능 최적화 및 보안에 대한 정보를 얻을 수 있습니다.

⓫ **설정**: 마이크로소프트 엣지의 기능을 설정하는 메뉴입니다.

⓬ **코파일럿(Copilot)**: 일종의 인공지능 비서로 '채팅', '미리 파악', '작성' 세 가지 기능을 제공합니다. '채팅' 기능으로 인공지능에게 궁금한 것을 질문할 수 있고, '미리 파악' 기능으로 현재 보고 있는 웹 사이트에 대한 간단한 정보를 알 수 있으며, '작성' 기능으로 간단한 용도의 짧은 글을 생성할 수 있습니다.

⓭ **스크롤 바**: 웹 페이지를 위/아래로 이동할 때 사용합니다.

활용마당

1 마이크로소프트 엣지 화면을 살펴보고 알맞은 명칭을 적어 봅니다.

2 기관 종류에 따른 도메인을 알맞게 연결해 봅니다.

영리기관 ●   ● ne.kr

정부기관 ●   ● go.kr

네트워크 관련 기관 ●   ● co.kr

 # 웹 사이트 검색하기

인터넷 사용자에게 유용한 정보를 제공해 주는 다양한 웹 사이트를 검색하는 방법에 대해 알아보겠습니다.

01 주소를 입력해 웹 사이트로 이동하기

💬 다음(www.daum.net) 사이트로 이동하기

01 엣지를 실행한 후 주소를 입력하기 위해 주소 표시줄을 클릭합니다.

02 포털 사이트인 '다음'을 방문하기 위해 'daum.net'을 입력한 후 Enter 키를 누릅니다.

알아두기 인터넷 쿠키

사용자가 방문한 웹 사이트의 주소를 기억하는 기능으로 이전에 방문했던 웹 사이트의 주소를 입력하기 시작하면 나머지를 자동으로 완성해 줍니다. 편리한 기능이지만 웹 사이트를 방문한 기록이 남는 것이 싫다면 주기적으로 삭제하는 것이 좋습니다.

03 그림과 같이 '다음' 사이트로 이동한 것을 확인할 수 있습니다.

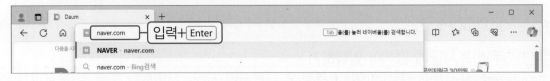

네이버(www.naver.com) 사이트로 이동하기

01 포털 사이트인 '네이버'를 방문하기 위해 주소 표시줄에 'naver.com'을 입력한 후 Enter 키를 누릅니다.

02 그림과 같이 '네이버' 사이트로 이동한 것을 확인할 수 있습니다.

02 검색어를 입력해 웹 사이트로 이동하기

💬 국세청 사이트로 이동하기

01 '네이버' 사이트의 검색어 입력란에 '국세청'을 입력한 후 [검색(Q)] 버튼을 클릭합니다.

알아두기 **주소 표시줄에 검색어 입력하기**
주소 표시줄에 검색어([예] 국세청)를 입력하면 'Bing' 사이트를 통해 검색 결과가 연결됩니다.

02 그림과 같이 검색 결과가 나타나면 [국세청]을 클릭합니다.

03 '국세청' 사이트로 이동한 것을 확인할 수 있습니다.

알아두기 웹 사이트 주소로 이동하기

주소 표시줄에 'www.nts.go.kr'을 입력한 후 Enter 키를 누르면 '국세청' 사이트로 이동할 수 있습니다.

💬 교보문고 사이트로 이동하기

01 다시 '네이버' 사이트로 돌아와 검색어 입력란에 '교보문고'를 입력한 후 [검색(🔍)] 버튼을 클릭합니다.

02 그림과 같이 검색 결과가 나타나면 [교보문고]를 클릭합니다.

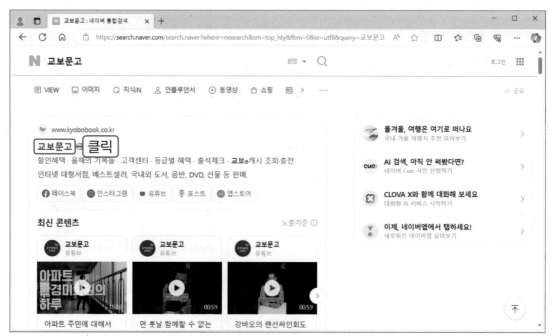

03 '교보문고' 사이트로 이동한 것을 확인할 수 있습니다.

웹 사이트 주소로 이동하기

주소 표시줄에 'www.kyobobook.co.kr'을 입력한 후 Enter 키를 누르면 '교보문고' 사이트로 이동할 수 있습니다.

활용마당

① 주소 표시줄에 다양한 웹 사이트 주소를 입력하여 방문해 봅니다.

> **예** '네이트' 주소: www.nate.com

> **예** '서울신문' 주소: www.seoul.co.kr

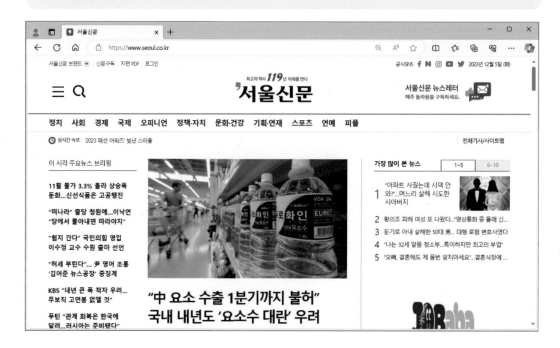

② '네이버' 사이트의 검색어 입력란에 다양한 웹 사이트를 입력하여 방문해 봅니다.

> 예 검색어: KBS 한국방송공사

> 예 검색어: 서울특별시청

03 마이크로소프트 엣지 다루기

바탕 화면에 엣지 바로가기를 만들고 시작 페이지를 설정하는 방법과 사용자가 자주 이용하는 웹 사이트를 즐겨찾기에 추가하는 방법을 알아보겠습니다.

01 엣지 바로가기 만들고 시작 페이지 설정하기

💬 바탕 화면에 엣지 바로가기 만들기

01 바탕 화면에 엣지의 바로가기를 만들기 위해 [시작(⊞)] 버튼을 클릭하고 [Microsoft Edge]를 바탕 화면으로 드래그합니다.

02 바탕 화면에 생성된 바로가기 아이콘을 더블 클릭합니다.

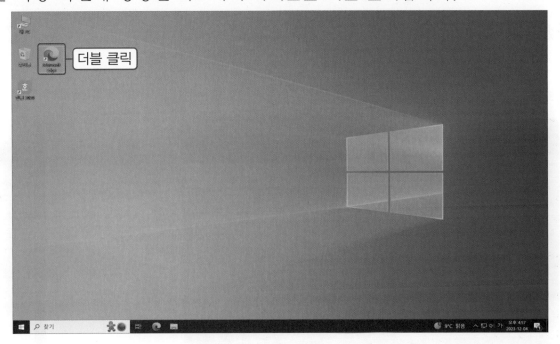

03 그림과 같이 엣지가 실행됩니다.

알아두기 **자주 사용하는 앱 작업 표시줄에 고정하기**
작업 표시줄에 나타난 앱을 마우스 오른쪽 버튼으로 클릭한 후 [작업 표시줄에 고정]을 선택하면 앱이 작업 표시줄에 고정됩니다.

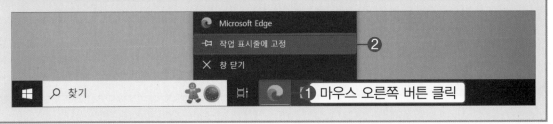

💬 엣지의 시작 페이지 설정하기

01 엣지의 시작 페이지를 변경하기 위해 [설정(···)] 버튼을 클릭한 후 [설정]을 선택합니다.

02 설정 페이지로 이동하면 [시작, 홈 및 새 탭]을 선택하고 '다음 페이지를 열 수 있습니다.'에 체크한 후 [새 페이지 추가] 버튼을 클릭합니다. [새 페이지 추가] 대화상자가 나타나면 URL 입력란에 'daum.net'을 입력한 후 [추가] 버튼을 클릭합니다.

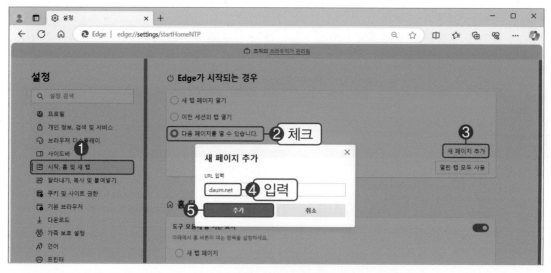

알아두기 주소 표시줄에 설정 페이지 주소 입력하기
주소 표시줄에 'edge://settings'를 입력하면 [설정] 페이지로 이동합니다.

03 '도구 모음에 홈 버튼 표시'를 체크한 후 URL 입력란에 'daum.net'을 입력하고 [저장] 버튼을 클릭합니다.

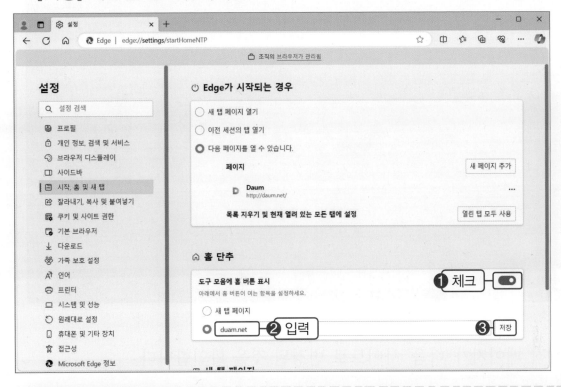

알아두기 **홈 단추 설정하기**
홈 단추를 설정하지 않고 [홈(⌂)] 버튼을 클릭하면 새 탭 페이지가 열립니다.

---

04 [홈(⌂)] 버튼을 클릭하면 '다음' 사이트로 이동합니다. [닫기(✕)] 버튼을 클릭해 엣지를 종료합니다.

05 바탕 화면에서 [Microsoft Edge]를 더블 클릭해 다시 인터넷을 실행합니다.

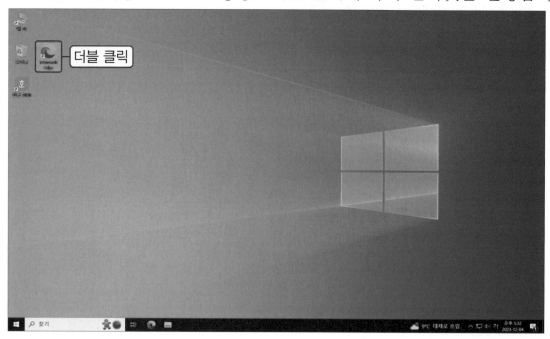

06 시작 페이지가 '다음' 사이트로 변경된 것을 확인합니다.

알아두기 시작 페이지를 복수로 설정하기

설정 페이지에서 [새 페이지 추가]를 복수로 설정할 수 있습니다. 시작 페이지를 복수로 설정하고 엣지를 실행하면 추가한 페이지가 모두 열립니다.

02 즐겨찾기 설정하기

💬 즐겨찾기에 추가하기

01 자주 이용하는 웹 사이트를 즐겨찾기에 추가하기 위해 '예스24(www.yes24.com)' 사이트로 이동한 후 [즐겨찾기 추가(☆)] 버튼을 클릭합니다.

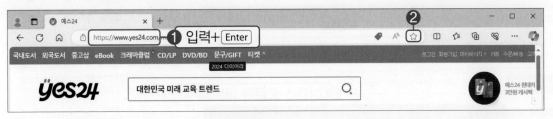

02 그림과 같이 [즐겨찾기 편집] 대화상자가 나타나면 [완료] 버튼을 클릭합니다.

03 [즐겨찾기(☆)] 버튼을 클릭하면 '예스24'가 즐겨찾기에 추가된 것을 확인할 수 있습니다.

> **알아두기** **즐겨찾기(☆)**
>
> 즐겨찾기에 추가해 놓으면 주소 표시줄에 URL(주소)을 입력하지 않고 해당 링크를 클릭하는 것만으로 사용자가 원하는 웹 사이트에 바로 접속할 수 있습니다.

💬 즐겨찾기 이름 변경하기

01 즐겨찾기에 추가한 페이지의 이름을 변경하기 위해 [즐겨찾기(☆)] 버튼을 클릭한 후 [예스24]를 마우스 오른쪽 버튼으로 클릭합니다. 바로가기 메뉴가 나타나면 [이름 바꾸기]를 클릭합니다.

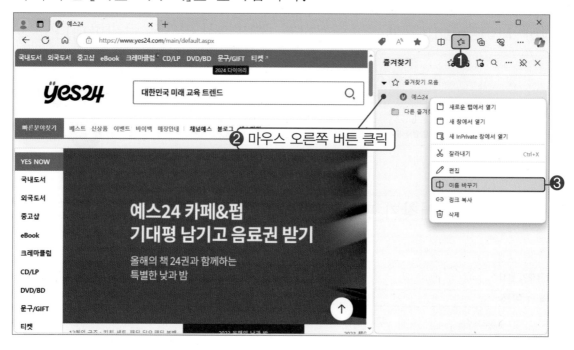

02 '독서클럽'을 입력한 후 Enter 키를 누릅니다.

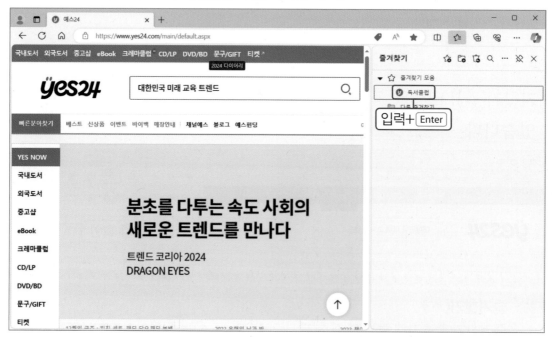

💬 즐겨찾기에 추가한 웹 사이트 삭제하기

01 추가한 즐겨찾기를 삭제하기 위해 [즐겨찾기(🖈)] 버튼을 클릭한 후 [독서클럽]을 마우스 오른쪽 버튼으로 클릭합니다. 바로가기 메뉴가 나타나면 [삭제]를 클릭합니다.

02 그림과 같이 즐겨찾기에 추가한 '독서클럽'이 삭제된 것을 확인할 수 있습니다.

💬 새 폴더 만들고 즐겨찾기에 추가하기

01 '질병관리청' 사이트에 접속하기 위해 주소 표시줄에 '질병관리청'을 입력한 후 Enter 키를 누릅니다. 그림과 같이 검색 결과가 나타나면 [질병관리청]을 클릭합니다.

02 '질병관리청' 사이트가 열리면 [즐겨찾기 추가(☆)] 버튼을 클릭합니다. [즐겨찾기 추가됨] 대화상자가 나타나면 [더 보기] 버튼을 클릭합니다.

03 [즐겨찾기 편집] 대화상자가 나타나면 이름 입력란에 '독감'을 입력합니다. 폴더를 만들기 위해 [새 폴더] 버튼을 클릭한 후 '건강'을 입력하고 [저장] 버튼을 클릭합니다.

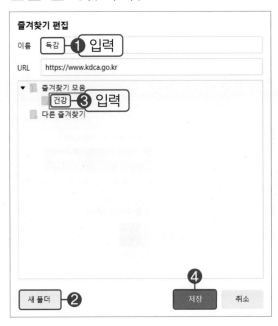

04 [즐겨찾기(⭐)] 버튼을 클릭한 후 [건강] 폴더를 선택하면 '독감'으로 즐겨찾기가 추가된 것을 확인할 수 있습니다.

05 '네이버(www.naver.com)' 사이트로 이동합니다. 네이버의 검색어 입력란에 '서울의료원'을 입력한 후 [검색(🔍)] 버튼을 클릭합니다.

06 그림과 같이 검색 결과가 나타나면 [서울특별시 서울의료원]을 클릭합니다.

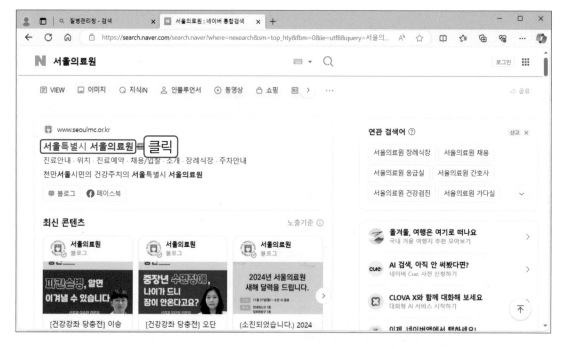

07 '서울특별시 서울의료원' 사이트가 열리면 [즐겨찾기 추가(☆)] 버튼을 클릭합니다. [즐겨찾기 추가됨] 대화상자가 나타나면 이름 입력란에 '서울의료원'을 입력하고 폴더는 [건강]으로 설정한 후 [완료] 버튼을 클릭합니다.

08 [즐겨찾기(☆)] 버튼을 클릭한 후 [건강] 폴더를 선택하여 '서울의료원' 사이트가 추가된 것을 확인합니다.

활용마당

① '네이버(www.naver.com)', '다음(www.daum.net)', '구글(www.google.com)' 사이트를 모두 시작 페이지로 설정해 봅니다.

② '네이버 뉴스(news.naver.com)' 사이트를 즐겨찾기에 추가해 봅니다.

 # 이메일 사용하기

인터넷으로 편지를 주고받을 수 있도록 포털 사이트인 '네이버'에 회원가입한 후 이메일을 사용하고 관리하는 방법을 알아보겠습니다.

 **01 포털 사이트 회원가입하기**

01 이메일을 사용하기 위해 포털 사이트인 '네이버(www.naver.com)'를 방문한 후 [회원가입]을 클릭합니다.

알아두기 '네이버' 사이트 회원가입 시 주의 사항
'네이버' 사이트에 회원가입할 때는 반드시 본인 명의로 된 휴대전화를 소지하고 있어야 합니다.

02 회원가입 이용약관을 살펴보고 필수 항목에 해당하는 '네이버 이용약관'과
'개인정보 수집 및 이용'에 체크한 후 [다음] 버튼을 클릭합니다.

03 회원가입에 필요한 정보인 '아이디', '비밀번호', '이름', '생년월일 8자리', '성별'을 입력합니다. 본인 명의로 등록된 '휴대전화번호'를 입력하고 [인증요청] 버튼을 클릭합니다.

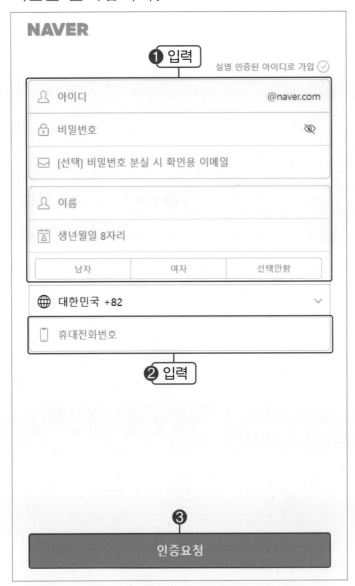

알아두기 **아이디, 비밀번호**
'아이디'는 사이트에서 사용할 이름이기 때문에 다른 사용자와 똑같은 아이디를 사용할 수 없습니다. '비밀번호'는 사용자를 증명하기 위한 수단으로 본인만 알고 있어야 합니다. '비밀번호 분실 시 확인용 이메일'은 비밀번호를 분실하였을 때 임시 비밀번호를 받을 수 있는 이메일을 입력하는 곳으로 선택 사항입니다.

04 휴대전화 문자 메시지로 전송된 '인증번호'를 입력하고 그림과 같이 '인증이 성공했습니다.'라는 메시지가 나타나면 화면 하단의 [가입하기] 버튼을 클릭합니다.

05 회원가입이 완료되면 [네이버 홈(N)] 버튼을 클릭합니다.

02 메일 보내고 수신 확인하기

💬 '내게쓰기' 기능으로 메일 보내기

01 이메일을 보내는 방법을 알아보겠습니다. 먼저 [메일(📧)] 버튼을 클릭합니다.

02 [내게쓴메일함]으로 메일을 보내기 위해 [내게쓰기] 버튼을 클릭합니다.

03 제목 입력란에 '나에게 쓰는 편지'를 입력합니다.

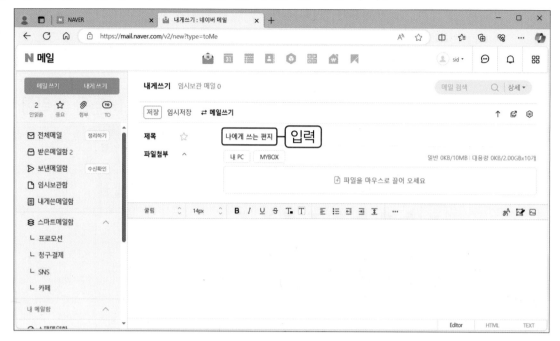

04 그림과 같이 '내용'을 입력합니다.

05 입력한 내용에 서식을 적용하기 위해 그림과 같이 드래그하여 블록을 설정합니다.

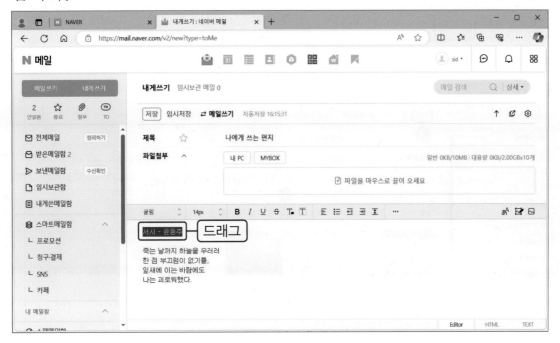

06 글자 크기를 변경하기 위해 [14px]를 클릭한 후 [18px]를 선택합니다.

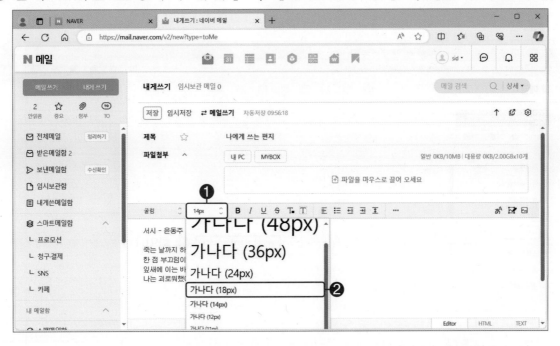

07 글자 색을 변경하기 위해 [글자색(T■)] 버튼을 클릭합니다. 색상 팔레트가 나타나면 변경할 [색]을 선택한 후 화면 상단의 [저장] 버튼을 클릭합니다.

08 '메일이 저장되었습니다.'라는 메시지를 확인한 후 [내게쓴메일함]을 클릭합니다.

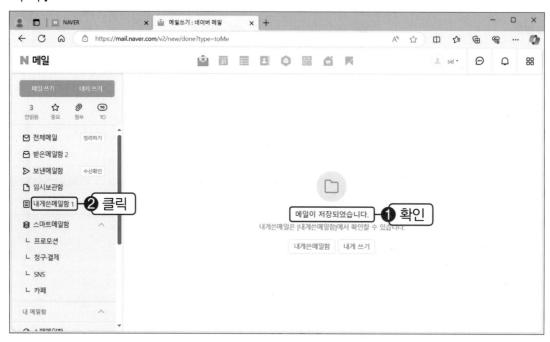

09 메일을 확인하기 위해 [나에게 쓰는 편지]를 클릭합니다.

10 그림과 같이 [내게쓴메일함]에 저장한 '나에게 쓰는 편지'를 확인할 수 있습니다.

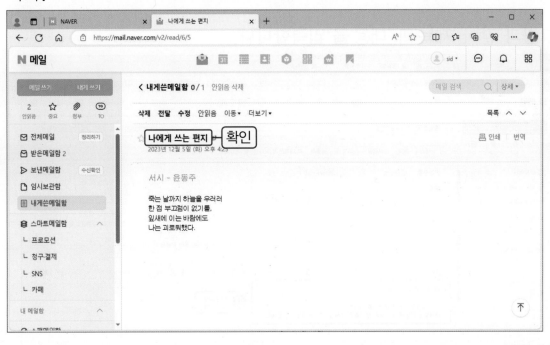

💬 '메일쓰기' 기능으로 특수기호 넣은 메일 보내기

01 다른 사람에게 메일을 보내기 위해 [메일쓰기] 버튼을 클릭한 후 받는사람 입력
란에 '이메일 주소'를 입력합니다.

02 그림과 같이 '제목'과 '내용'을 입력합니다.

03 특수기호를 넣기 위해 '벚꽃놀이' 뒤를 클릭하여 커서를 위치시킨 후 [특수기호(※)] 버튼을 클릭합니다.

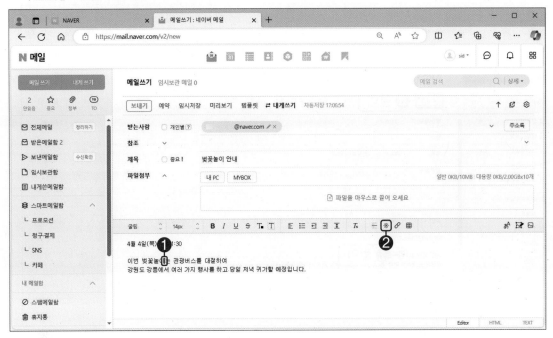

04 특수기호 창이 나타나면 마음에 드는 특수기호를 선택합니다.

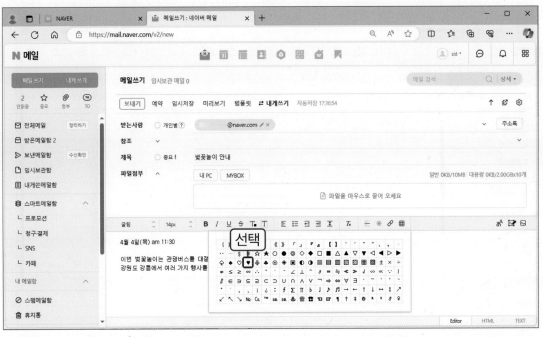

05 그림과 같이 '벚꽃놀이' 뒤에 특수기호가 삽입된 것을 확인한 후 화면 상단에 [보내기] 버튼을 클릭합니다.

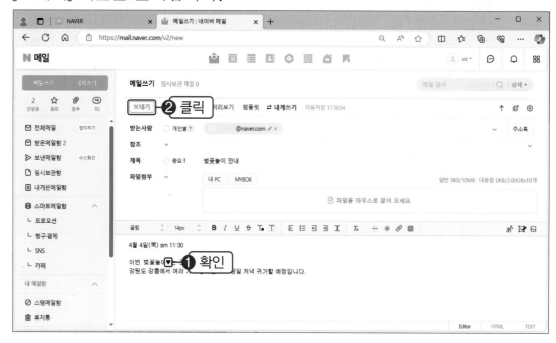

06 '메일을 성공적으로 보냈습니다.'라는 메시지를 확인할 수 있습니다.

💬 보낸메일함에서 수신 확인하기

01 보낸 메일을 확인하기 위해 [보낸메일함]을 클릭합니다.

02 메일 수신을 확인하기 위해 [수신확인] 버튼을 클릭하면 그림과 같이 메일 수신 상태를 확인할 수 있습니다.

알아두기 **발송취소**

'네이버'에서 '네이버'로 발송한 메일은 상대방이 메일을 확인하지 않았다면 발송을 취소할 수 있습니다. 하지만 상대방이 '다음'이나 '구글'과 같이 다른 도메인을 사용한다면 발송을 취소할 수 없습니다.

💬 메일 확인 후 삭제하기

01 받은 메일을 삭제하기 위해 [받은메일함]을 클릭합니다.

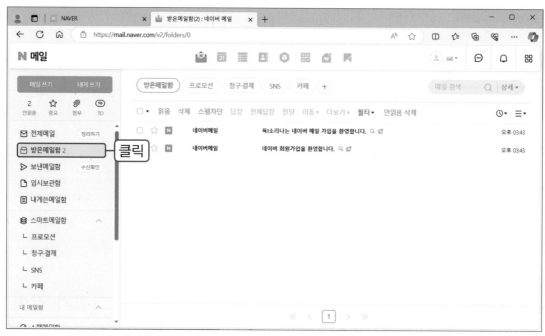

02 받은 메일 목록이 나타나면 확인할 [메일]을 클릭합니다.

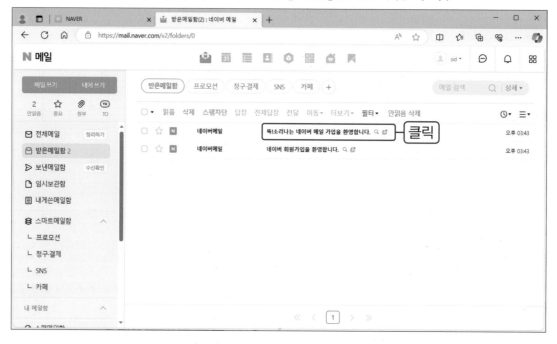

03 선택한 메일을 확인한 후 화면 상단의 [삭제] 버튼을 클릭합니다.

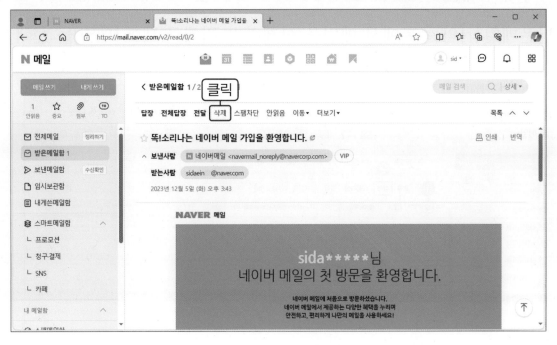

04 그림과 같이 메일이 삭제된 것을 확인할 수 있습니다.

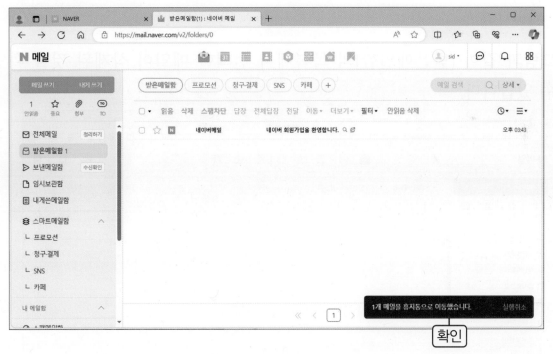

💬 목록에서 메일 삭제하기

01 [받은메일함]의 목록에서 메일을 삭제하기 위해 삭제할 [메일]을 선택한 후 [삭제] 버튼을 클릭합니다.

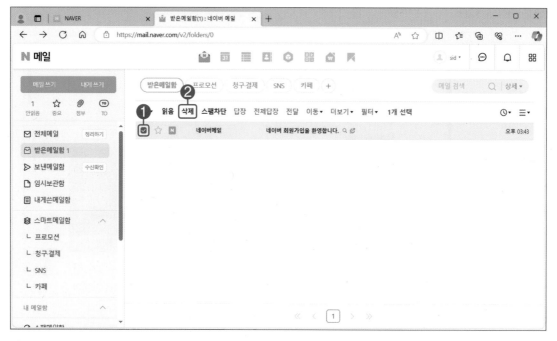

02 그림과 같이 [받은메일함]의 목록에서 선택한 메일이 삭제된 것을 확인할 수 있습니다.

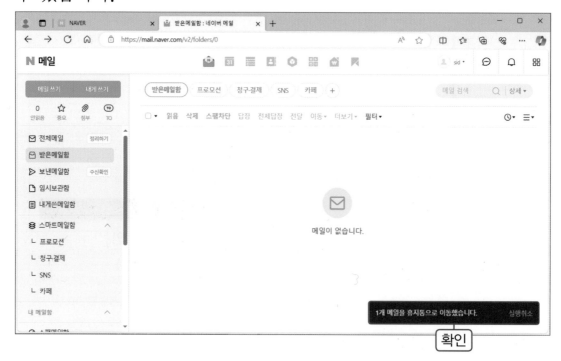

💬 삭제한 메일 복원하기

01 삭제한 메일을 복원하기 위해 [휴지통]을 클릭합니다.

02 복원할 [메일]을 선택한 후 [이동] 버튼을 클릭합니다.

03 목록에서 [받은메일함]을 선택한 후 [이동] 버튼을 클릭합니다.

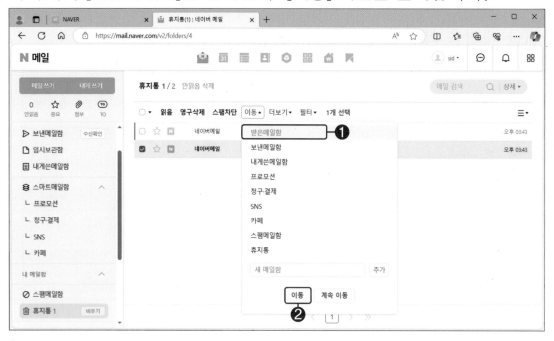

04 그림과 같이 선택한 메일이 [받은메일함]으로 이동한 것을 확인할 수 있습니다.

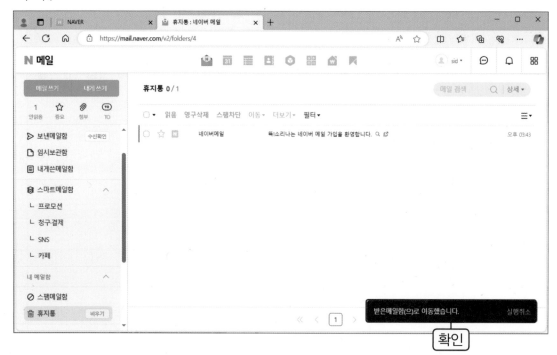

05 이동한 메일을 확인하기 위해 [받은메일함]을 클릭합니다. 그림과 같이 삭제한 메일이 복원된 것을 확인할 수 있습니다.

메일 영구 삭제하기

01 메일을 완전히 삭제하기 위해 [휴지통]을 클릭합니다.

02 완전히 삭제할 [메일]을 선택한 후 [영구삭제] 버튼을 클릭합니다.

03 메일을 복구할 수 없다고 안내하는 창이 나타나면 [확인] 버튼을 클릭합니다.

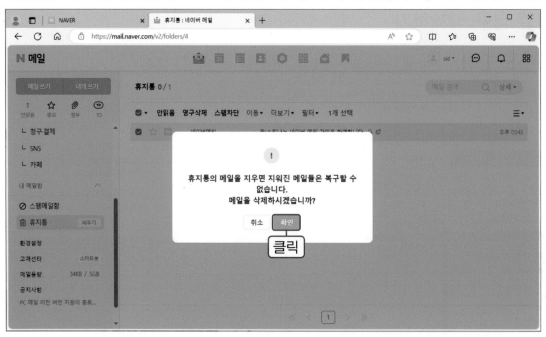

04 그림과 같이 선택한 메일이 영구적으로 삭제된 것을 확인할 수 있습니다.

휴지통 비우기

[휴지통]의 [비우기] 버튼을 클릭하면 휴지통에 있는 모든 메일을 영구적으로 삭제할 수 있습니다.

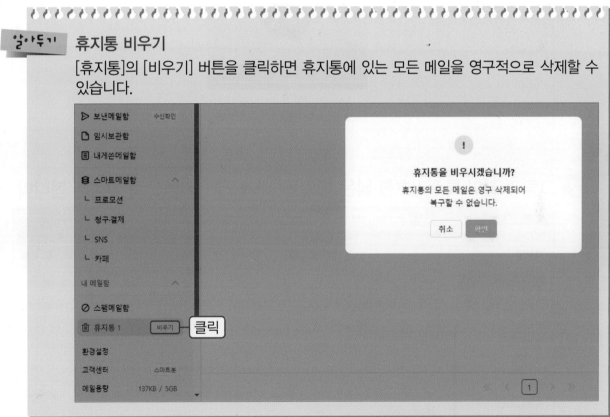

활용마당

① 포털 사이트 '다음(www.daum.net)'을 사용하기 위해 회원가입을 해 봅니다.

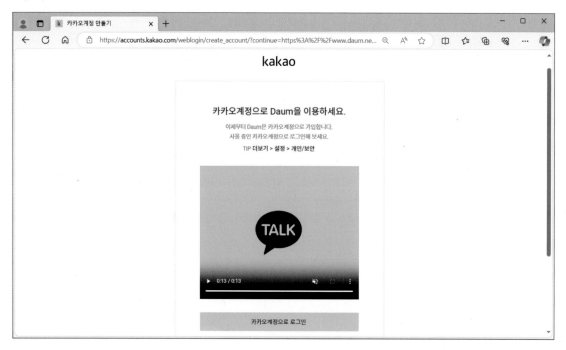

② 그림과 같이 특수기호를 넣은 메일을 '내게쓰기' 기능으로 작성해 봅니다.

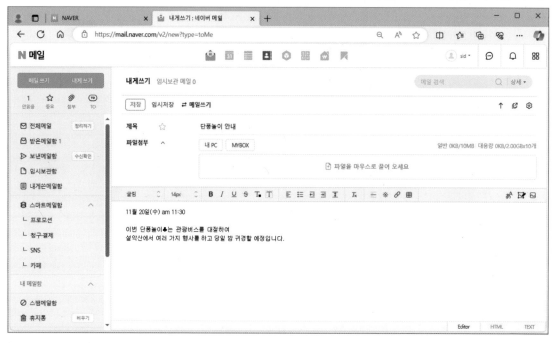

③ [내게쓴메일함]에서 [읽지않은메일]만 선택하여 삭제해 봅니다.

05 주소록 관리하고 메일 보내기

이메일 주소록에 연락처를 추가, 수정, 삭제하는 방법과 등록한 연락처를 활용해 여러 사람에게 메일을 보내는 방법을 알아보겠습니다.

01 연락처 추가하기

01 주소록을 관리하기 위해 '네이버(www.naver.com)' 사이트를 방문하여 로그인한 후 [메일(📧)] 버튼을 클릭합니다.

02 화면 상단에 위치한 [주소록(👤)] 버튼을 클릭합니다.

03 연락처를 추가하기 위해 [연락처 추가] 버튼을 클릭합니다.

04 [연락처 추가] 창이 나타나면 '이름', '네이버아이디', '닉네임', '전화번호', '이메일'을 입력한 후 [그룹설정] 버튼을 클릭합니다.

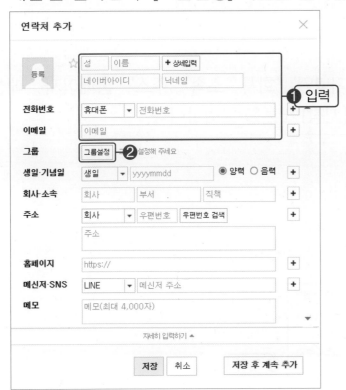

알아두기 네이버아이디, 닉네임

'네이버아이디'와 '닉네임'은 '네이버' 사이트에서 사용하는 아이디와 닉네임을 입력하는 란으로 다른 사이트의 이메일을 사용하는 사람의 연락처를 추가할 때는 입력하지 않아도 됩니다.

05 [그룹] 창이 나타나면 '직장'을 입력한 후 [추가] 버튼을 클릭하고 [저장] 버튼을 클릭합니다.

06 그룹설정이 끝나면 '생일 · 기념일', '회사 · 소속', '주소', '홈페이지', '메신저 · SNS', '메모'를 입력한 후 [저장] 버튼을 클릭합니다.

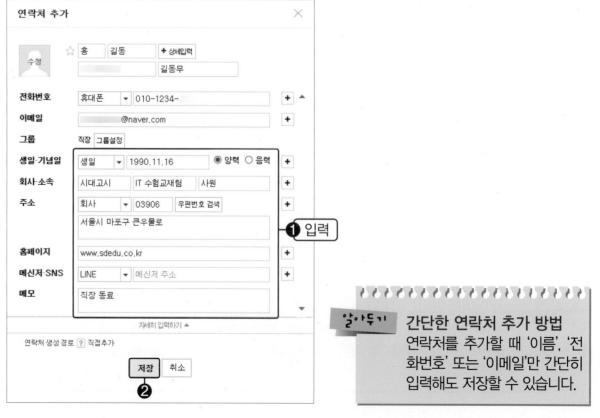

알아두기 **간단한 연락처 추가 방법**
연락처를 추가할 때 '이름', '전화번호' 또는 '이메일'만 간단히 입력해도 저장할 수 있습니다.

07 그림과 같이 [직장] 그룹에 연락처가 추가된 것을 확인할 수 있습니다. 새로운 그룹을 추가하기 위해 [그룹 추가] 버튼을 클릭합니다.

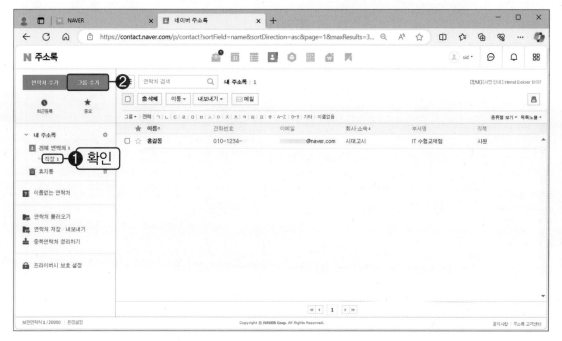

08 새롭게 추가된 그룹명을 '친구'로 입력합니다.

09 새로운 연락처를 추가하기 위해 [연락처 추가] 버튼을 클릭합니다.

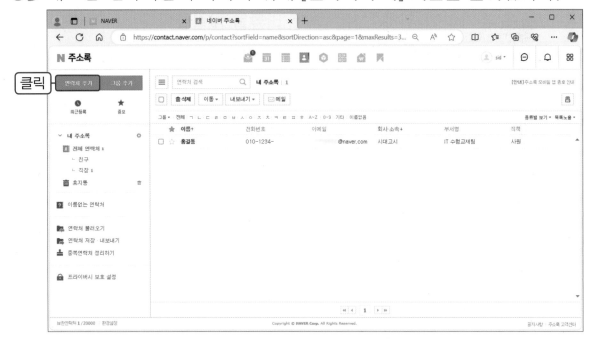

10 [연락처 추가] 창이 나타나면 '이름', '네이버아이디', '닉네임', '전화번호', '이메일'을 입력한 후 [그룹설정] 버튼을 클릭합니다.

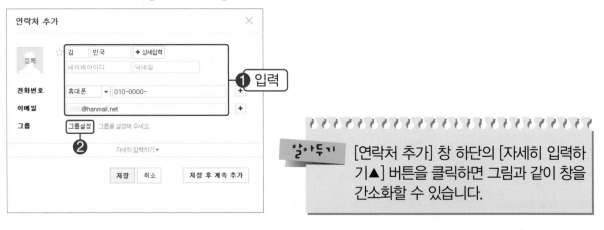

[연락처 추가] 창 하단의 [자세히 입력하기▲] 버튼을 클릭하면 그림과 같이 창을 간소화할 수 있습니다.

11 [그룹] 창에서 [친구]를 선택한 후 [저장] 버튼을 클릭합니다.

12 그룹설정이 끝나면 화면 하단의 [저장 후 계속 추가] 버튼을 클릭합니다.

13 새로운 연락처를 입력하고 [친구] 그룹으로 설정한 후 [저장] 버튼을 클릭합니다.

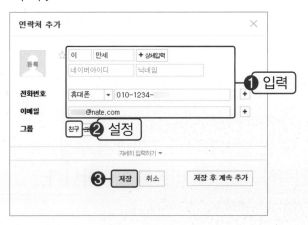

14 그림과 같이 [친구] 그룹에 새로운 연락처가 추가된 것을 확인할 수 있습니다.

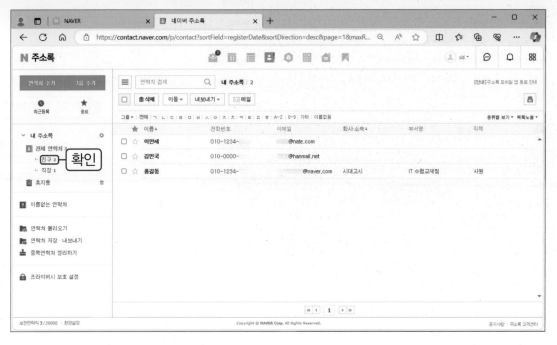

01 추가한 연락처를 수정하기 위해 [홍길동]을 클릭합니다.

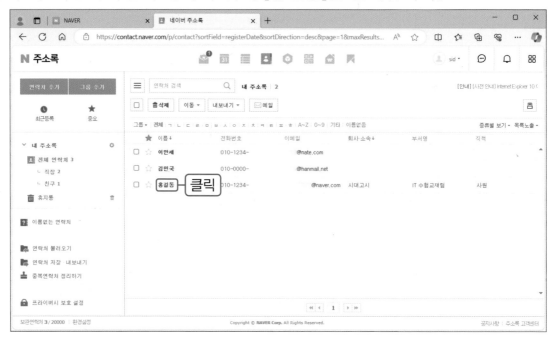

02 [연락처 상세보기] 창에서 [수정] 버튼을 클릭합니다. [연락처 수정] 창이 나타나면 '사원'을 삭제한 후 '주임'을 입력하고 [저장] 버튼을 클릭합니다.

03 그림과 같이 홍길동의 직책이 변경된 것을 확인할 수 있습니다. 다른 사람의 연락처도 수정하기 위해 [김민국]을 클릭합니다.

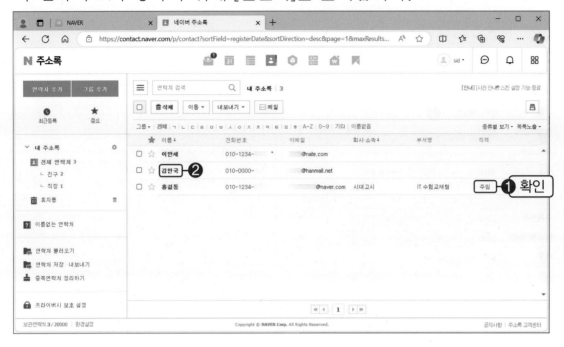

04 [연락처 상세보기] 창에서 [수정] 버튼을 클릭합니다. 그룹을 수정하기 위해 [그룹설정] 버튼을 클릭합니다.

05 [직장] 그룹을 선택한 후 [저장] 버튼을 클릭합니다.

06 그룹 수정이 끝나면 '회사 · 소속'을 입력한 후 [저장] 버튼을 클릭합니다.

07 그림과 같이 [직장] 그룹에 새로운 연락처가 추가되고 김민국의 연락처가 수정된 것을 확인할 수 있습니다.

연락처 삭제하기

01 연락처를 삭제하기 위해 목록에서 [이만세]를 선택한 후 [삭제] 버튼을 클릭합니다.

02 삭제한 연락처를 영구 삭제하기 위해 [휴지통]을 클릭합니다.

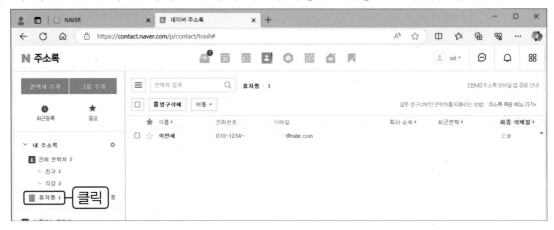

03 목록에서 [연락처]를 선택한 후 [영구삭제] 버튼을 클릭합니다. 웹 페이지 메시지가 나타나면 [확인] 버튼을 클릭합니다.

04 그림과 같이 연락처가 영구 삭제된 것을 확인할 수 있습니다.

04 등록한 연락처로 메일 보내기

01 등록한 연락처로 메일을 보내기 위해 화면 상단의 [메일(📧)] 버튼을 클릭합니다.

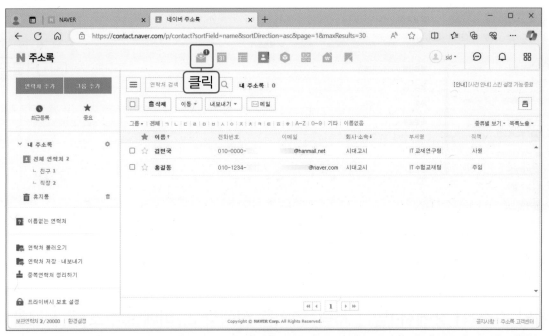

02 메일 화면이 나타나면 [메일쓰기] 버튼을 클릭합니다.

03 받는사람 입력란에 이메일 주소를 입력하기 위해 [주소록] 버튼을 클릭합니다.

04 [메일 주소록] 창에서 [받는 사람] 영역을 선택하고 [이메일 주소]를 선택합니다.

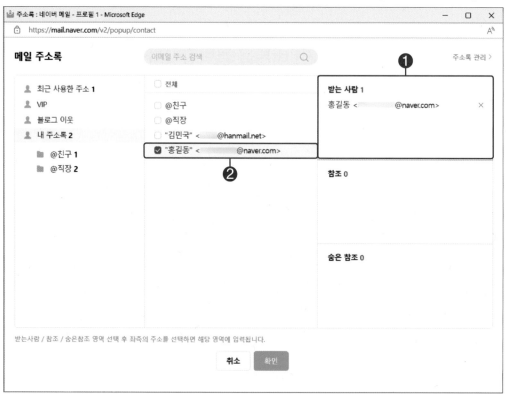

05 이메일 주소가 추가된 것을 확인한 후 [확인] 버튼을 클릭합니다.

06 받는사람 입력란에 이메일 주소가 추가된 것을 확인합니다.

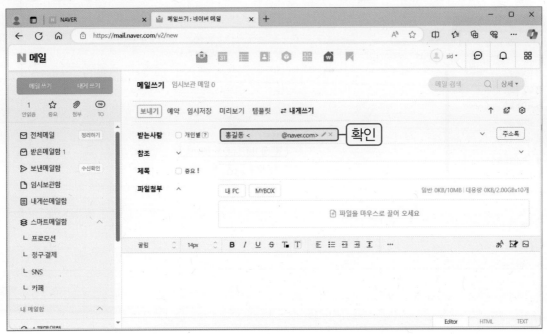

07 '제목'과 '내용'을 입력한 후 [보내기] 버튼을 클릭합니다.

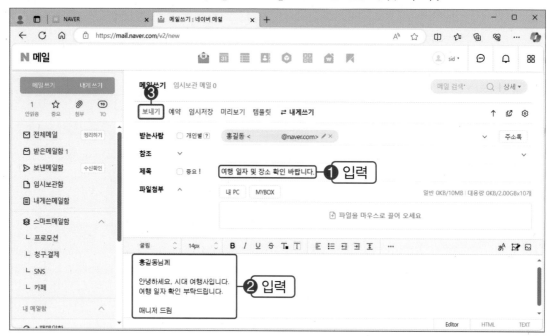

08 '메일을 성공적으로 보냈습니다.'라는 메시지를 확인할 수 있습니다.

05 여러 사람에게 메일 보내기

💬 이메일 주소로 보내기

01 여러 사람에게 메일을 보내기 위해 [메일쓰기] 버튼을 클릭한 후 받는사람 입력란에 '이메일 주소'를 입력합니다.

02 그림과 같이 추가로 보낼 '이메일 주소'를 입력합니다.

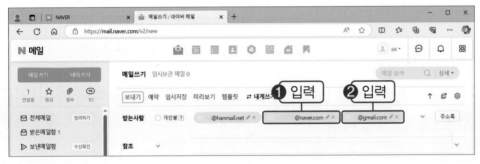

03 '제목'과 '내용'을 입력한 후 [보내기] 버튼을 클릭합니다.

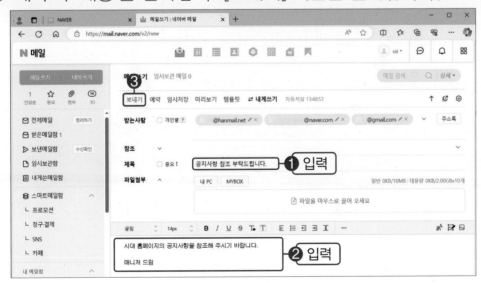

💬 주소록을 활용한 메일 보내기

01 주소록을 활용해 여러 사람에게 메일을 보내기 위해 [메일쓰기] 버튼을 클릭한 후 [주소록] 버튼을 클릭합니다.

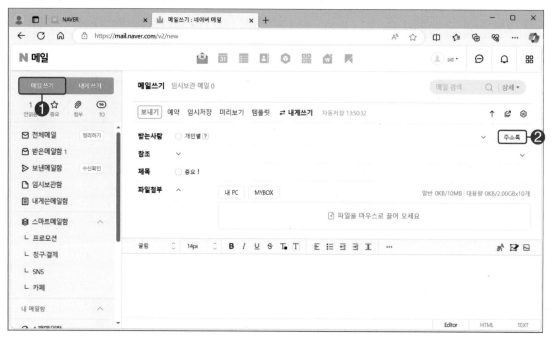

02 [메일 주소록] 창이 나타나면 [받는 사람] 영역을 선택하고 목록에서 여러 개의 [이메일 주소]를 선택합니다.

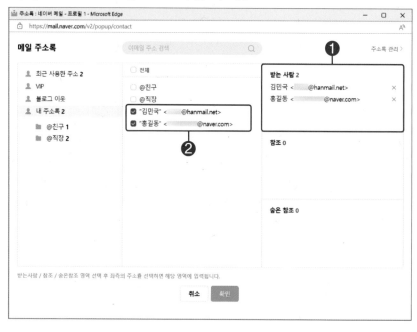

03 여러 개의 이메일 주소가 추가된 것을 확인한 후 [확인] 버튼을 클릭합니다.

04 받는사람 입력란에 여러 개의 이메일 주소가 추가된 것을 확인하고 '제목'과 '내용'을 입력한 후 [보내기] 버튼을 클릭합니다.

활용마당

1 내 주소록에 [동창회] 그룹을 추가해 봅니다.

2 [동창회] 그룹에 새로운 연락처를 추가해 봅니다.

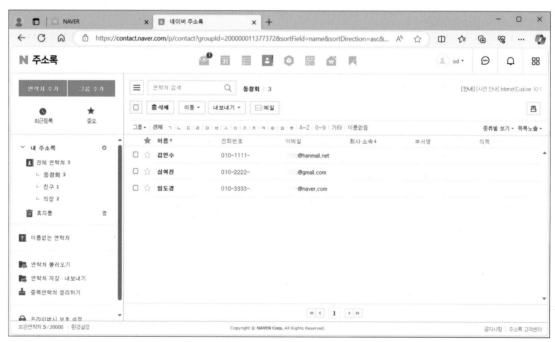

❸ 메일 주소록에 [동창회] 그룹을 추가해 동창들에게 메일을 전송해 봅니다.

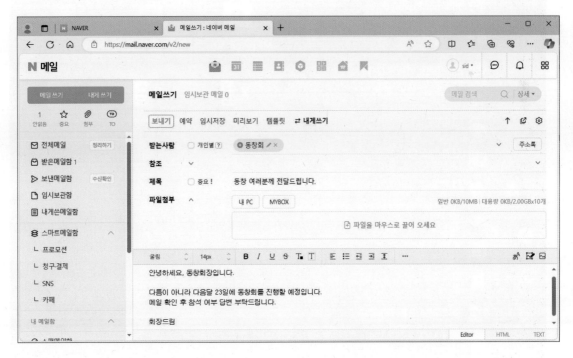

06 파일을 첨부한 메일 보내기

메모장에서 작성한 문서 파일을 첨부해 메일로 보내는 방법과 인터넷에서 저장한 이미지 파일을 첨부해 메일로 보내는 방법을 알아보겠습니다.

01 문서 파일을 첨부한 메일 보내기

01 메모장을 실행하기 위해 [시작(🪟)] 버튼을 클릭한 후 [Windows 보조프로그램]에서 [메모장]을 선택합니다.

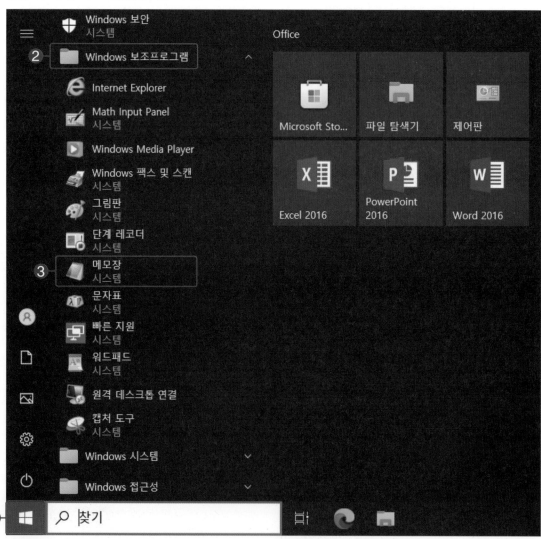

02 메모장이 실행되면 그림과 같이 '여행 준비물'을 입력한 후 [파일] 탭을 클릭합니다.

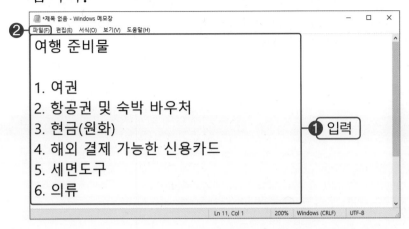

03 [파일] 탭의 목록이 나타나면 [저장]을 클릭합니다.

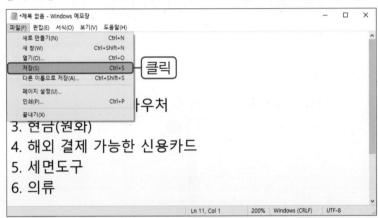

알아두기 **작업 표시줄 검색창에 검색하기**

작업 표시줄의 검색창에서 '메모장'을 검색해 실행할 수도 있습니다.

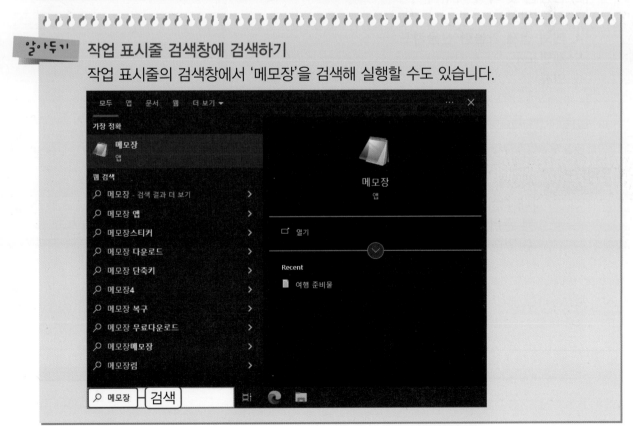

04 [다른 이름으로 저장] 창이 나타나면 탐색 창에서 [문서]를 클릭한 후 파일 이름 입력란에 '여행 준비물'을 입력하고 [저장] 버튼을 클릭합니다.

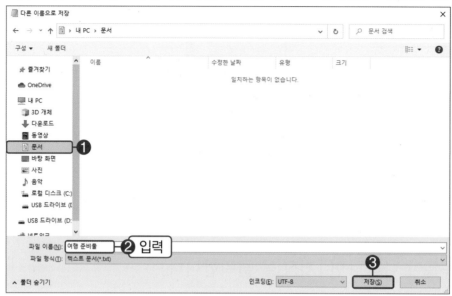

05 그림과 같이 제목이 '여행 준비물'로 바뀐 것을 확인할 수 있습니다. 오른쪽 상단의 [닫기(×)] 버튼을 클릭해 메모장을 종료합니다.

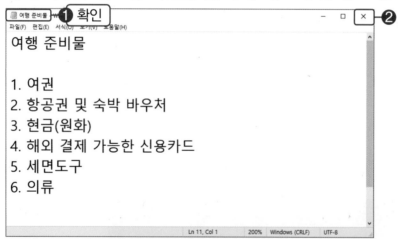

알아두기 저장한 파일 확인하기
[내 PC] – [문서]에서 '여행 준비물' 파일을 확인할 수 있습니다.

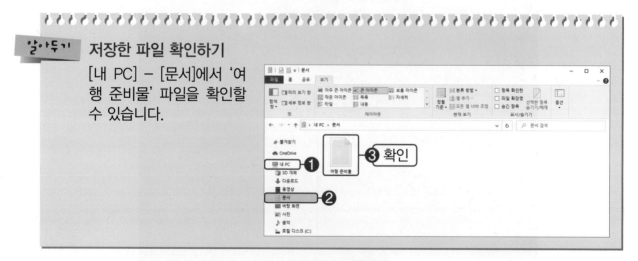

06 '네이버(www.naver.com)' 사이트를 방문하여 로그인한 후 [메일(✉)] 버튼을 클릭합니다.

07 작성한 '여행 준비물' 파일을 첨부하여 메일을 보내기 위해 [메일쓰기] 버튼을 클릭합니다.

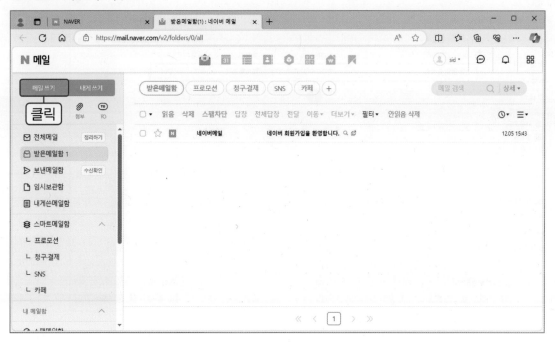

08 '이메일 주소', '제목', '내용'을 입력한 후 파일첨부에서 [내 PC] 버튼을 클릭합니다.

09 [열기] 창이 나타나면 준비한 '여행 준비물' 파일을 선택한 후 [열기] 버튼을 클릭합니다.

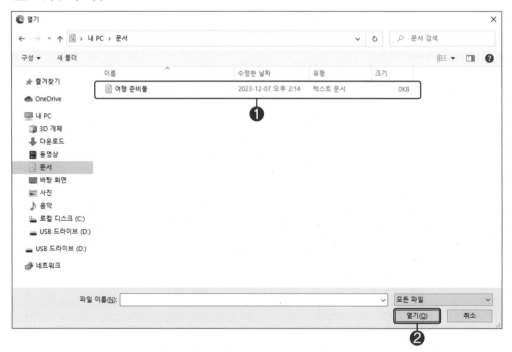

10 '여행 준비물' 파일이 첨부된 것을 확인한 후 [보내기] 버튼을 클릭합니다.

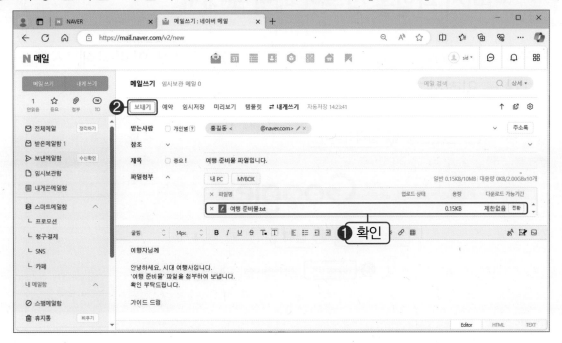

11 [보낸메일함]을 클릭하면 그림과 같이 파일을 첨부한 메일이 전송된 것을 확인할 수 있습니다.

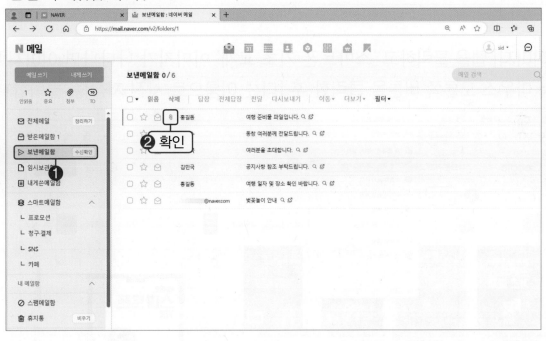

01 '구글(www.google.com)' 사이트에 방문한 후 검색어 입력란에 '스마트폰 기초 교재'를 입력하고 [Google 검색] 버튼을 클릭합니다.

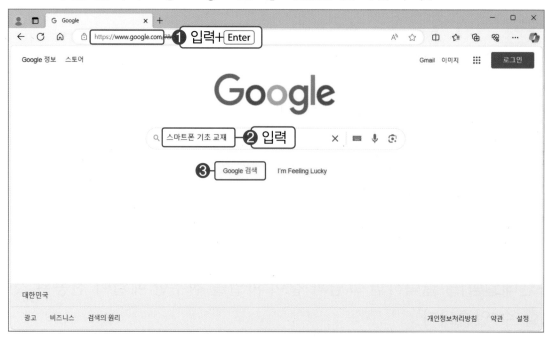

02 [이미지] 탭을 클릭하고 '스마트폰 기초 교재' 이미지가 나타나면 이미지 위에서 마우스 오른쪽 버튼을 클릭한 후 [다른 이름으로 사진 저장]을 클릭합니다.

03 [다른 이름으로 저장] 창이 나타나면 저장 위치를 설정한 후 파일 이름 입력
란에 '스마트폰 기초 교재'를 입력하고 [저장] 버튼을 클릭합니다.

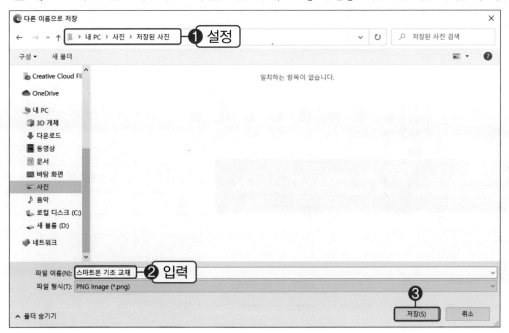

04 이미지를 저장한 위치에 파일이 저장된 것을 확인할 수 있습니다.

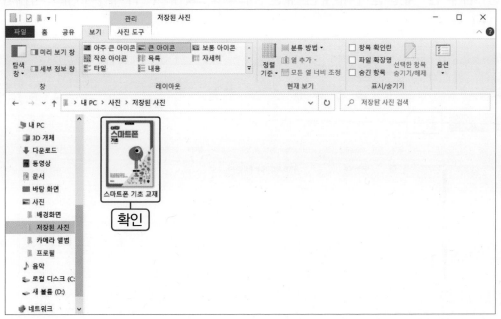

05 메일을 보내기 위해 '네이버(www.naver.com)' 사이트에 방문하여 로그인한 후 [메일(📧)] 버튼을 클릭합니다.

06 이미지를 첨부한 메일을 [내게쓴메일함]으로 보내기 위해 [내게쓰기] 버튼을 클릭합니다.

07 '제목'과 '내용'을 입력한 후 이미지를 첨부하기 위해 [내 PC] 버튼을 클릭합니다.

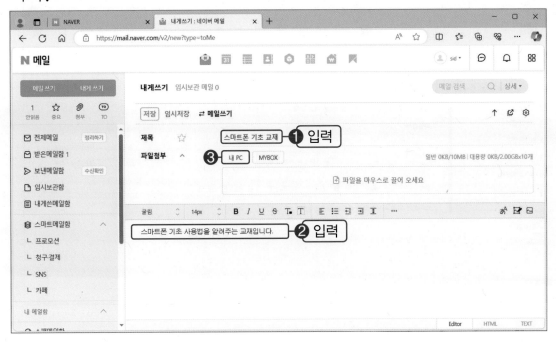

08 [열기] 창이 나타나면 저장한 이미지 파일을 선택한 후 [열기] 버튼을 클릭합니다.

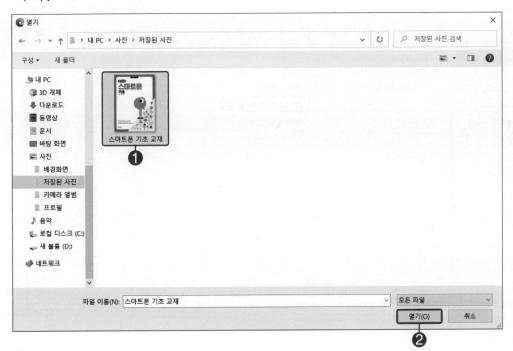

09 파일첨부 목록이 나타나면 [저장] 버튼을 클릭합니다.

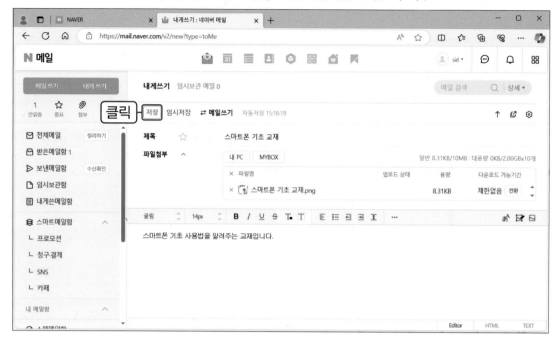

10 메일을 확인하기 위해 [내게쓴메일함]을 클릭한 후 목록에서 저장한 [메일]을 클릭합니다.

11 첨부파일을 저장하기 위해 ⬇ 버튼을 클릭합니다.

12 오른쪽 상단에 나타난 [다운로드] 창을 확인합니다.

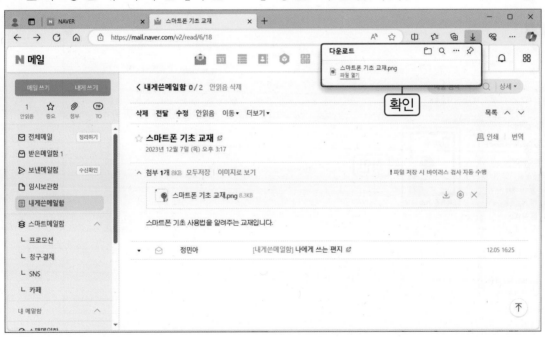

13 [다운로드] 창에서 [폴더에 표시(📁)] 버튼을 클릭합니다.

14 그림과 같이 '스마트폰 기초 교재' 이미지가 저장된 것을 확인할 수 있습니다.

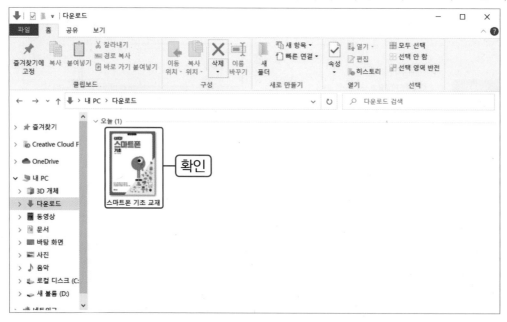

① 메모장을 실행하여 다음과 같이 '유산소 운동 종류'를 입력한 후 [내 PC] – [문서]에 저장해 봅니다.

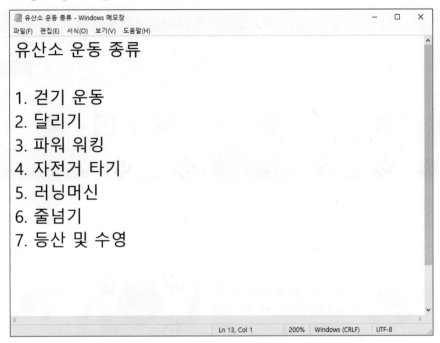

② '유산소 운동 종류' 파일을 첨부한 후 여러 사람에게 메일을 전송해 봅니다.

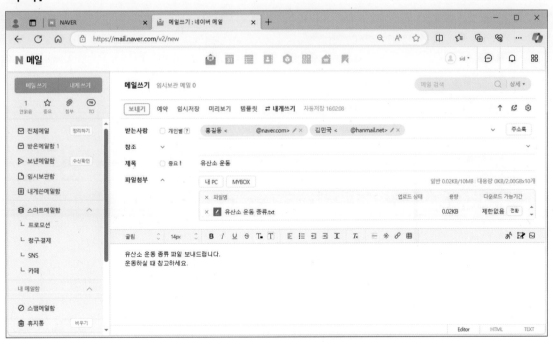

❸ 'Google(www.google.com)' 사이트에서 '태극기' 이미지를 검색하여 내 PC에 저장해 봅니다.

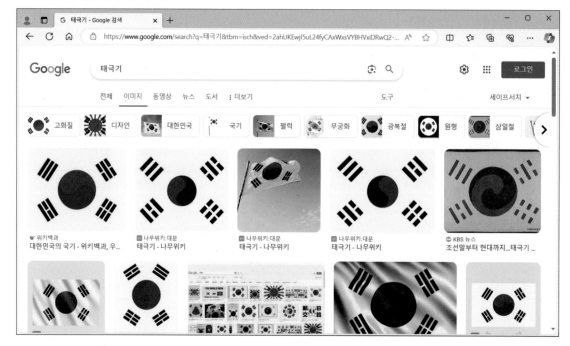

❹ '태극기' 이미지를 첨부한 메일을 [내게쓴메일함]으로 전송한 후 확인해 봅니다.

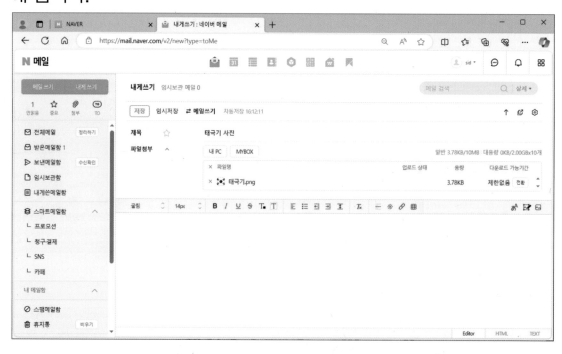

07 인터넷으로 즐기는 미디어

인터넷에서 뉴스 기사를 검색해 인쇄하는 방법과 뉴스 영상을 시청하는 방법 그리고 TV 프로그램을 인터넷으로 보는 방법을 알아보겠습니다.

01 인터넷 뉴스 검색 후 인쇄하기

01 인터넷 뉴스를 보기 위해 '네이버(www.naver.com)' 사이트에 방문한 후 [뉴스(📰)] 버튼을 클릭합니다.

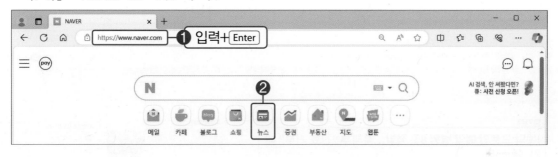

02 언론사별 랭킹뉴스를 확인하기 위해 상단의 메뉴에서 [랭킹] 탭을 클릭합니다.

03 관심 있는 분야의 [뉴스 제목]을 클릭합니다.

04 그림과 같이 클릭한 뉴스를 확인할 수 있습니다.

05 검색한 뉴스를 인쇄하기 위해 화면 오른쪽 상단에 위치한 [인쇄(🖨)] 버튼을 클릭합니다.

06 그림과 같이 [인쇄] 창이 나타나면 [인쇄하기] 버튼을 클릭합니다.

알아두기 **프린터 선택하기**

[인쇄] 창이 나타나면 '내 PC'에 연결된 프린터를 선택한 후 인쇄합니다.

01 인터넷으로 뉴스 영상을 보기 위해 [TV] 탭을 클릭합니다.

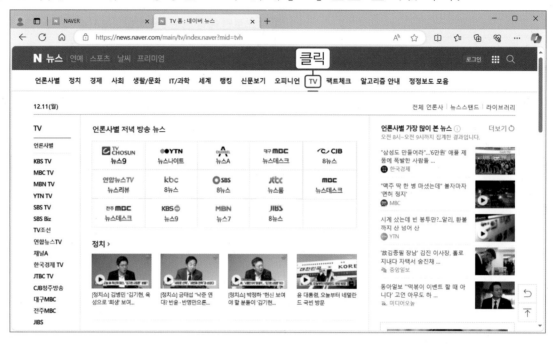

02 그림과 같이 뉴스 화면이 나타나면 스크롤 바를 아래로 드래그하여 뉴스 목록을 살펴본 후 보고 싶은 [뉴스]를 클릭합니다.

03 그림과 같이 클릭한 뉴스를 영상으로 확인할 수 있습니다.

언론사별 저녁 방송 뉴스 시청하기

'네이버 뉴스' 사이트에서 [TV] 탭을 선택하면 언론사별 저녁 방송 뉴스를 시청할 수 있습니다.

💬 TV 프로그램 다시보기

01 'KBS 한국방송공사(www.kbs.co.kr)' 사이트를 방문한 후 화면 오른쪽 상단에 위치한 [다시보기] 탭을 클릭합니다.

02 'KBS 다시보기' 사이트가 나타나면 상단 메뉴의 [로그인] 버튼을 클릭합니다.

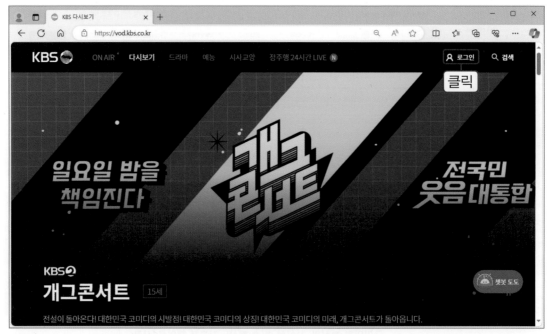

03 네이버 아이디로 간편 로그인하기 위해 [네이버()] 아이콘을 클릭합니다.

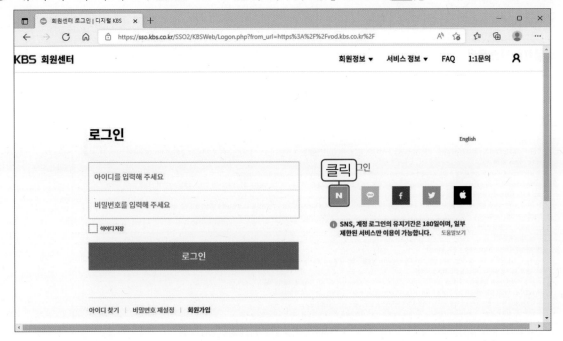

04 '네이버 아이디'와 '비밀번호'를 입력한 후 [로그인] 버튼을 클릭합니다. 개인 정보 동의에 대한 창이 뜨면 [동의하기] 버튼을 클릭합니다.

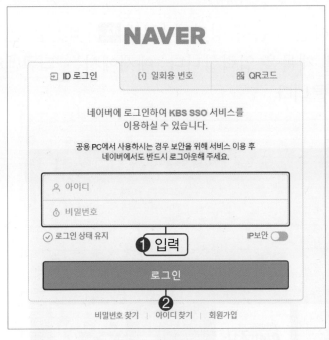

05 [소셜회원 약관 동의] 창이 뜨면 '이용약관에 동의합니다.(필수)'에 체크한 후 [완료] 버튼을 클릭합니다.

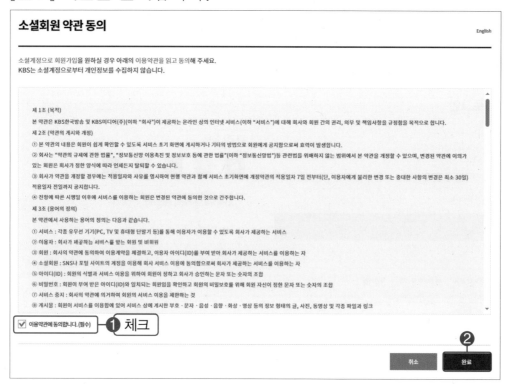

06 'KBS 다시보기' 사이트가 열리면 오른쪽 상단에 [검색(🔍)] 버튼을 클릭한 후 평소 보고 싶었던 프로그램 제목을 입력합니다. 예제에서는 '다큐멘터리 3일'을 입력하고 Enter 키를 누릅니다.

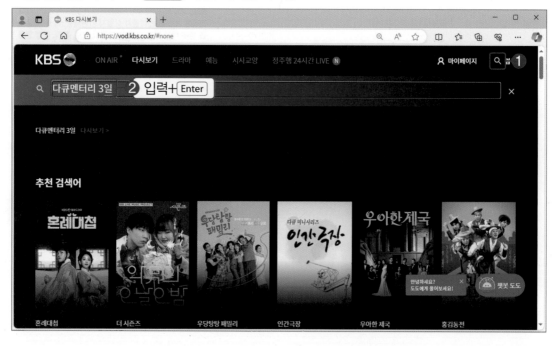

07 검색 결과가 나타나면 [다시보기] 탭을 클릭합니다.

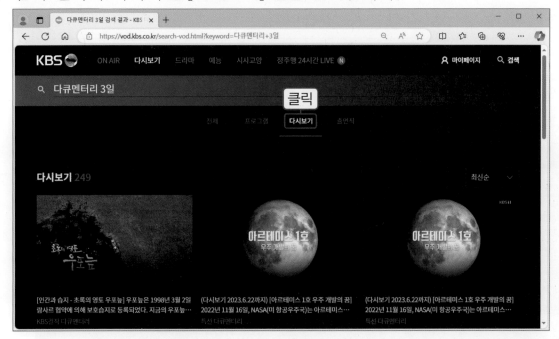

08 스크롤 바를 아래로 드래그하여 보고 싶은 [프로그램]을 클릭합니다.

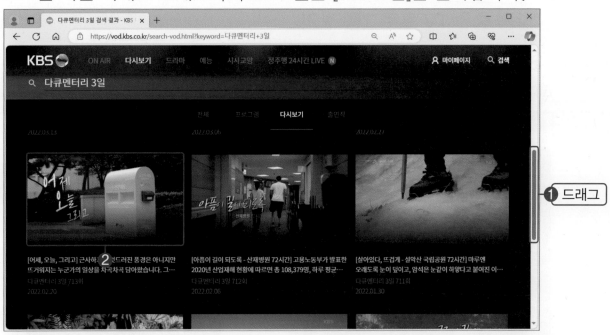

09 선택한 프로그램이 나타나면 [재생(▶)] 버튼을 클릭합니다. 광고 영상을 시청한 후 동영상을 감상할 수 있습니다.

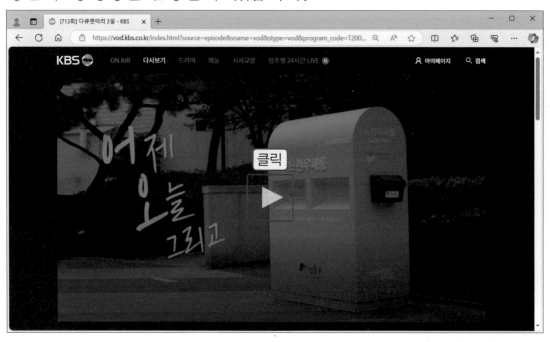

💬 생방송 중인 TV 프로그램 보기

01 'KBS 한국방송공사(www.kbs.co.kr)' 사이트에 방문한 후 화면 상단에 [ON AIR] 탭을 클릭합니다.

02 스크롤 바를 아래로 드래그하여 생방송 중인 'TV' 목록이 나타나면 보고 싶은 [방송]을 클릭합니다.

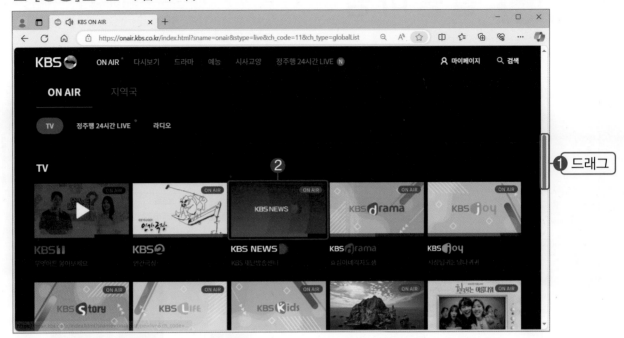

03 생방송 중인 TV 프로그램을 인터넷으로 시청할 수 있습니다.

활용마당

① '다음 뉴스(news.daum.net)' 사이트에서 뉴스를 살펴 봅니다.

② '네이트 뉴스(news.nate.com)' 사이트에서 뉴스를 살펴 봅니다.

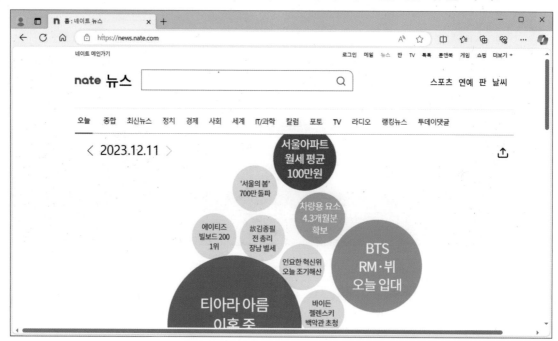

③ 'MBC 문화방송(www.imbc.com)' 사이트에 접속하여 보고 싶은 프로그램을 시청해 봅니다.

④ 'SBS 방송국(www.sbs.co.kr)' 사이트에 접속하여 보고 싶은 프로그램을 시청해 봅니다.

인터넷으로 즐기는 e북

인터넷에서 네이버 e북(전자책)을 검색한 후 네이버 e북 리더(뷰어)를 설치해 전자책을 읽어 보겠습니다.

01 네이버 e북 약관 동의하기

01 '네이버(www.naver.com)' 사이트에 방문하여 로그인한 후 ⋯ 버튼을 클릭합니다.

02 목록에서 [시리즈(S)] 버튼을 클릭합니다.

03 네이버 e북 서비스를 처음 이용한다면 네이버웹툰 이용약관에 동의해야 합니다. [동의하러 가기] 버튼을 클릭합니다.

04 '이용약관, 개인정보 수집, 개인정보 제공에 모두 동의합니다.'에 체크한 후 [동의] 버튼을 클릭합니다.

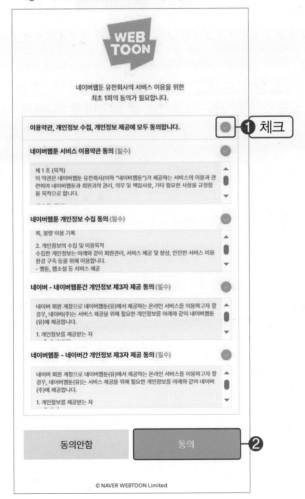

01 '네이버 시리즈'에서 e북을 보기 위해 왼쪽 상단의 [e북] 탭을 클릭하고 오른
쪽 검색창에 평소 읽고 싶었던 책 제목을 입력합니다. 예제에서는 '바람이
머무는 동안에'를 입력하고 [검색(🔍)] 버튼을 클릭합니다.

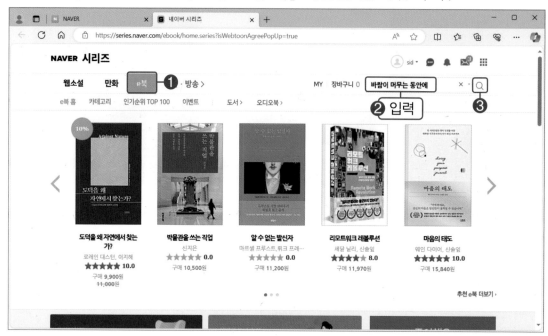

알아두기

PC 이용가능 e북 검색하기

[e북] – [카테고리] 탭을 클릭하고 [무료 e북 도서]를 클릭하면 무료로 볼 수 있는 e북
도서 목록이 나타납니다. 무료 e북 목록 상단의 'PC 이용가능'을 체크하면 PC에서 이용
가능한 e북이 검색됩니다.

02 검색 결과 화면이 나타나면 '바람이 머무는 동안에' 책을 클릭합니다.

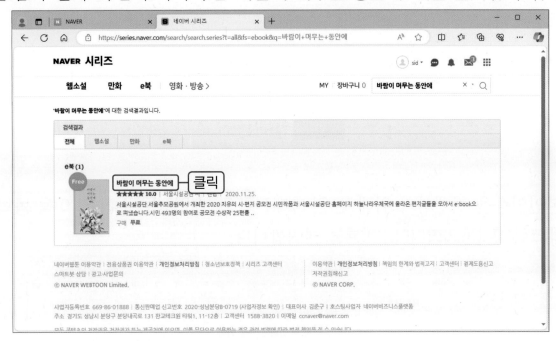

03 검색한 책의 웹 페이지가 열리면 책에 대한 정보를 볼 수 있습니다. 왼쪽의 책 이미지 아래에서 PC가 '지원기기'에 포함되어 있는지 확인한 후 [무료 구매] 버튼을 클릭합니다.

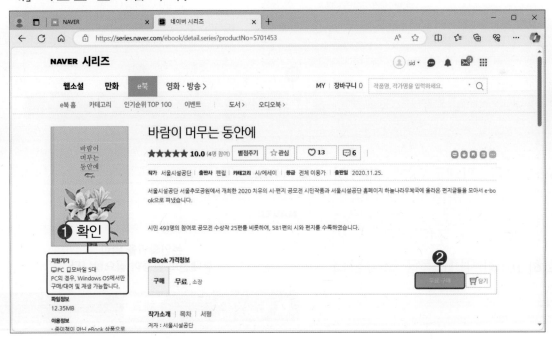

04 상품을 구매하려면 실명확인이 필요하다는 메시지 창에서 [확인] 버튼을 클릭합니다.

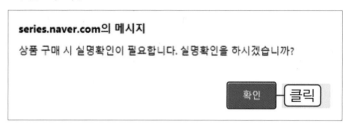

05 본인인증을 진행하기 위해 '본인 휴대전화'와 '개인정보 수집 및 이용 동의'에 체크한 후 [동의합니다.] 버튼을 클릭합니다.

06 '필수약관 전체동의'에 체크한 후 '이름', '생일', '성별', '통신사', '내국인', '전화번호'를 입력하고 [확인] 버튼을 클릭합니다.

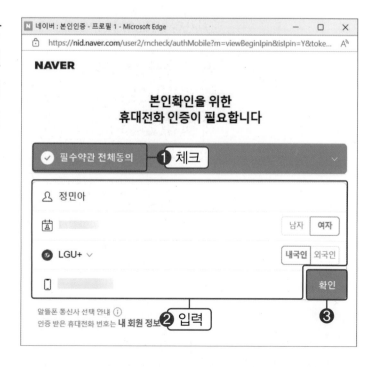

07 인증번호 입력란에 휴대전화 문자 메시지로 받은 '인증번호'를 입력하고 [다음] 버튼을 클릭합니다.

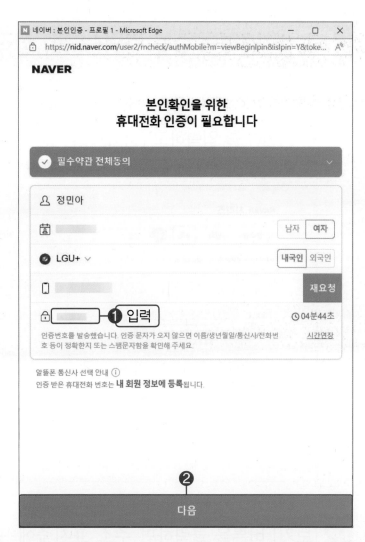

08 실명 정보가 등록되었다는 창에서 [확인] 버튼을 클릭합니다.

01 다시 '네이버 시리즈' 사이트로 돌아온 후 [e북] 탭을 클릭합니다. '바람이 머무는 동안에'를 입력하고 [검색(🔍)] 버튼을 클릭한 후 검색 결과를 클릭합니다.

02 [보기] 버튼을 클릭하면 주소 표시줄에 '팝업 차단됨'이라는 문구가 나타납니다. [팝업 차단됨(🗔)]을 클릭합니다.

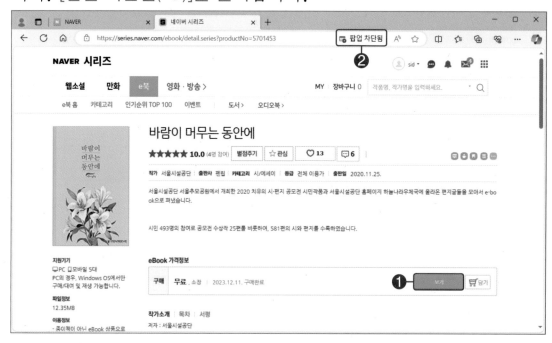

03 상단의 안내창에서 '항상 https://series.naver.com의 팝업 및 리디렉션 허용'
에 체크한 후 [완료] 버튼을 클릭합니다.

04 팝업 창이 허용되면 다시 [보기] 버튼을 클릭합니다.

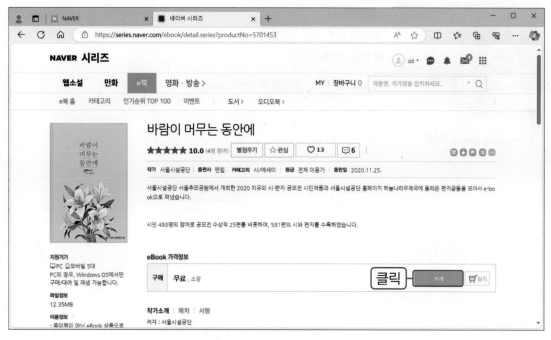

05 네이버 eBook 리더(뷰어) 프로그램을 설치하라는 안내창이 나오면 [eBook 리더 다운로드] 버튼을 클릭하고 [다운로드] 창의 [파일 열기]를 클릭합니다.

06 네이버 eBook 리더 설치를 시작한다는 창에서 [다음] 버튼을 클릭합니다.

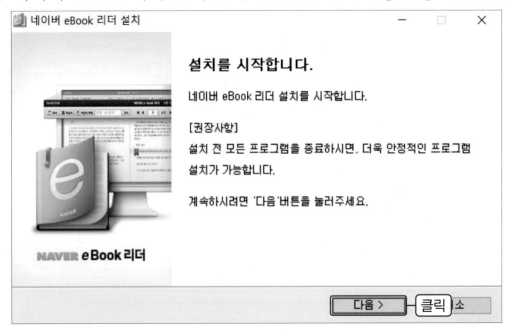

07 [사용권 계약] 창에서 [동의함] 버튼을 클릭합니다. 네이버 eBook 리더와 보안 프로그램이 설치됩니다.

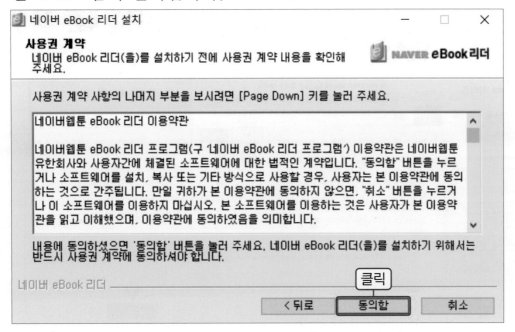

알아두기 보안 프로그램 설치 시 주의할 점
보안 프로그램이 설치되는 동안에는 일부 프로그램을 사용할 수 없습니다. 설치를 안정적으로 진행하려면 모든 프로그램을 종료한 후에 설치하는 것이 좋습니다.

08 설치가 완료되면 [마침] 버튼을 클릭합니다.

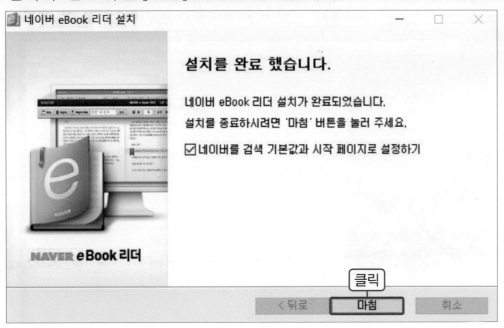

09 다시 '네이버 시리즈' 사이트로 돌아온 후 [보기] 버튼을 클릭하면 NAVER Books 프로그램을 허용해 달라는 창이 표시됩니다. [열기] 버튼을 클릭합니다.

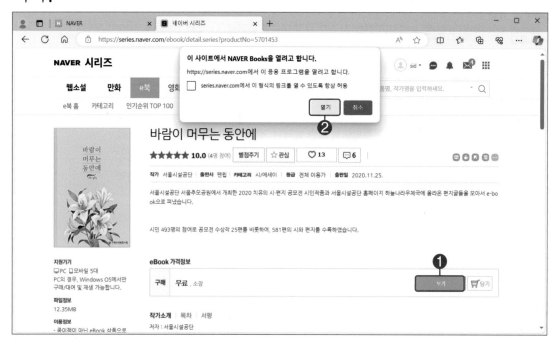

10 네이버 eBook 리더 프로그램이 실행되고 프로그램을 통해 종이책과 같은 e북을 읽을 수 있습니다.

활용마당

1 네이버 e북 중 '어린 왕자'를 검색하고 무료로 구매하여 읽어 봅니다.

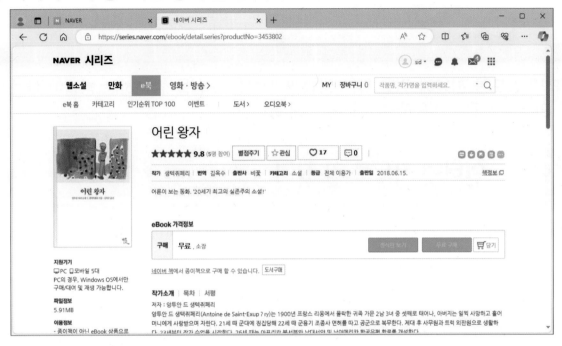

2 네이버 e북 중 '알로하, 나의 엄마들'을 검색하고 무료로 구매하여 읽어 봅니다.

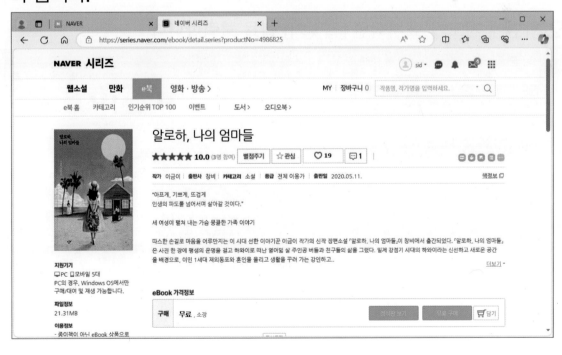

09 편리한 인터넷 생활

인터넷 지도를 활용해 길을 찾는 방법과 지하철 노선을 검색하는 방법에 대해 알아보고, 인터넷 사전을 이용해 한자를 검색해 봅니다.

01 인터넷 지도로 길 찾기

01 인터넷 지도로 길을 찾기 위해 '다음(www.daum.net)' 사이트로 이동한 후 상단 메뉴의 [지도] 탭을 클릭합니다.

02 화면에 지도가 표시되면 [길찾기] 탭을 클릭합니다.

03 길찾기를 실행하기 위해 출발 입력란에 '종각역'을 입력한 후 검색 목록에서 [종각역]을 선택합니다.

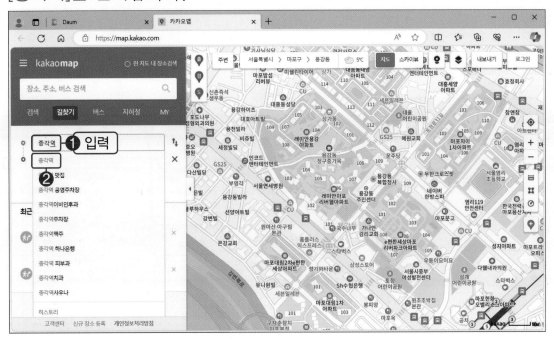

04 같은 방법으로 도착 입력란에 '덕수궁돌담길'을 입력한 후 [도보(🚶)] 버튼을 클릭합니다.

05 '종각역'에서 '덕수궁돌담길'까지 도보로 가는 방법이 표시됩니다. 주변 건물을 확인하기 위해 [로드뷰(👤)] 버튼을 클릭합니다.

알아두기 **로드뷰**
'로드뷰'란 실제 거리의 모습을 360도 카메라로 촬영한 사진입니다. 낯선 곳을 찾아갈 때 버스정류장이나 주변 건물을 로드뷰로 확인하고 출발하면 편리하게 목적지를 찾아갈 수 있습니다.

06 실제 거리의 모습을 확인하고 싶은 위치로 [로드뷰(👤)] 아이콘을 이동한 후 클릭합니다.

07 그림과 같이 클릭한 곳의 로드뷰가 나타납니다.

08 화면을 드래그하면 주변 로드뷰를 확인할 수 있습니다.

01 '네이버(www.naver.com)' 사이트로 이동한 후 검색어 입력란에 '지하철 노선도'를 입력하고 [검색(🔍)] 버튼을 클릭합니다.

02 지하철 노선도 정보 화면이 나타나면 [출발역]을 클릭합니다.

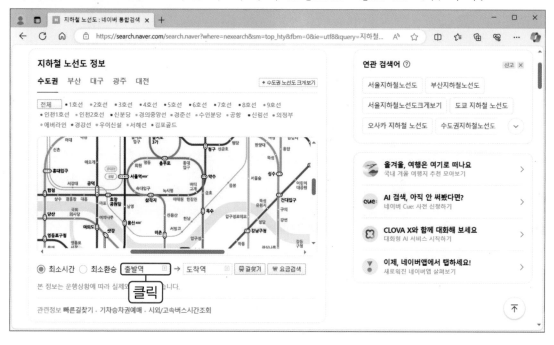

03 [출발역 검색] 창에서 '국회의사당역'을 입력한 후 [검색] 버튼을 클릭합니다.

04 검색 목록에서 [국회의사당 수도권 9호선]을 선택합니다.

05 그림과 같이 출발역 설정이 끝나면 [도착역]을 클릭합니다.

06 [도착역 검색] 창에 '서울역'을 입력한 후 [검색] 버튼을 클릭합니다. 검색 항목이 나타나면 [서울역 수도권 1호선]을 선택합니다.

07 도착역 설정이 끝나면 [길찾기] 버튼을 클릭합니다.

08 그림과 같이 검색한 지하철 노선을 확인할 수 있습니다.

01 인터넷에서 한자를 검색하기 위해 '네이버(www.naver.com)' 사이트로 이동한 후 ⋯ 버튼을 클릭합니다.

02 목록에서 [사전( )] 버튼을 클릭합니다.

03 '네이버 사전' 사이트에서 [한자] 탭을 클릭하고 🖉 버튼을 클릭합니다.

04 [한자 필기인식기] 창이 나타나면 드래그하여 '木'을 입력한 후 오른쪽의 한 자 목록에서 검색할 한자를 클릭합니다.

05 검색어 입력란에 '木'이 입력되면 [검색(🔍)] 버튼을 클릭합니다.

06 그림과 같이 검색한 한자의 정보를 확인할 수 있습니다.

활용마당

1 '다음(www.daum.net)' 사이트의 지도 서비스를 이용하여 '146번' 버스 노선을 확인해 봅니다.

2 '다음(www.daum.net)' 사이트의 지도 서비스를 이용하여 '광화문역'에 서 '경복궁역'까지 도보 최단거리를 검색해 봅니다.

③ '네이버(www.naver.com)' 사이트의 지하철 노선도를 이용해 '계양역' 에서 '연신내역'까지의 이동 시간을 알아봅니다.

④ '네이버 사전' 사이트의 한자사전에서 '과유불급'을 검색해 봅니다.

10 실용적인 인터넷 생활

인터넷에서 실생활에 필요한 부동산 정보를 검색하는 방법과 기차표를 예매하는 방법을 알아보겠습니다.

01 인터넷으로 부동산 정보 검색하기

01 아파트 실거래가를 조회하기 위해 '국토교통부 실거래가 공개시스템(rt.molit.go.kr)' 사이트에 방문합니다.

02 아파트 실거래가를 조회하기 위해 화면 상단의 [아파트] 탭을 클릭합니다.

03 지도와 검색창이 나타나면 검색창에서 '기준년도', '주소구분', '시도', '시군구', '읍면동', '단지명'을 설정한 후 [검색] 버튼을 클릭합니다.

04 [검색결과] 창에 나타나는 아파트 단지를 클릭합니다.

05 검색한 아파트의 매매 실거래 내역에 대한 상세정보가 나타납니다.

06 '년도', '면적', '금액'을 설정해 자신이 필요한 정보를 중심으로 실거래가를 알아볼 수 있습니다.

07 검색한 아파트의 전세·월세 실거래 내역을 알고 싶다면 [전월세] 탭을 클릭합니다.

알아두기 **아파트 실거래가 인쇄하기**

아파트 실거래가를 인쇄물로 보관하고 싶다면 [인쇄] 버튼을 클릭합니다. '년도', '면적', '금액'을 기준으로 해당 건물의 1년치 실거래가를 인쇄할 수 있습니다.

실거래가조회 결과

아파트 - 매매

ⓘ [수락산벨리체] 서울특별시 노원구 상계동 (면적 : 전체, 금액 : 전체)

기준 : 2023년 , 단위(면적:㎡,금액:만원)

7월

전용면적(㎡)	계약일	해제여부	해제사유발생일	등기일자	거래금액(만원)	층	거래유형	중개사소재지	전산공부
114.92	17			23.07.31	70,000	6	중개거래	서울 성북구	보기
114.92	15			23.11.07	87,000	13	중개거래	서울 노원구	보기
114.92	12			23.10.30	88,000	12	중개거래	서울 노원구	보기
134.94	3			23.09.19	98,000	13	중개거래	서울 노원구	보기

6월

전용면적(㎡)	계약일	해제여부	해제사유발생일	등기일자	거래금액(만원)	층	거래유형	중개사소재지	전산공부
114.92	15			23.07.04	77,000	4	중개거래	서울 노원구	보기
134.94	5			23.09.20	84,000	12	중개거래	서울 노원구	보기

4월

전용면적(㎡)	계약일	해제여부	해제사유발생일	등기일자	거래금액(만원)	층	거래유형	중개사소재지	전산공부
134.94	18			23.05.25	80,000	8	중개거래	서울 노원구	보기

1월

02 인터넷으로 기차표 예매하기

01 기차표를 예매하기 위해 '레츠코레일(www.letskorail.com)' 사이트를 방문합니다.

02 승차권을 간편하게 예매하기 위해 '출발역', '도착역', '출발일', '시간', '인원'을 설정한 후 [승차권 예매] 버튼을 클릭합니다.

03 검색한 열차 정보가 화면에 나타나면 예약할 [열차번호]를 클릭합니다.

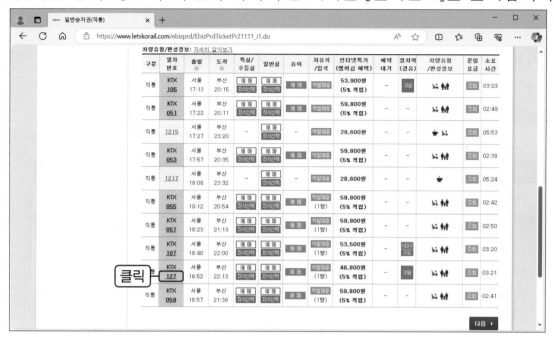

04 그림과 같이 [열차운행시각조회] 창이 나타나면 운행 시각을 확인한 후 [닫기(❎)] 버튼을 클릭합니다.

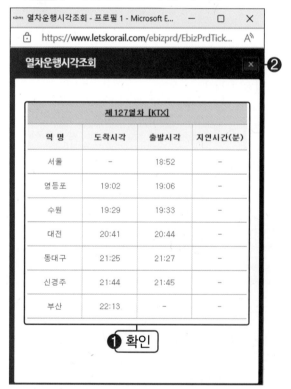

05 일반실의 [예매] 버튼을 클릭합니다.

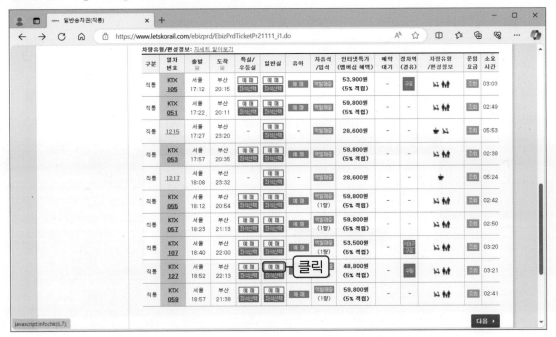

06 로그인 화면에서 [미등록고객예매] 버튼을 클릭합니다.

07 [비회원 발권 안내문] 창이 나타나면 [미등록(비회원)고객으로 예매 계속] 버튼을 클릭합니다.

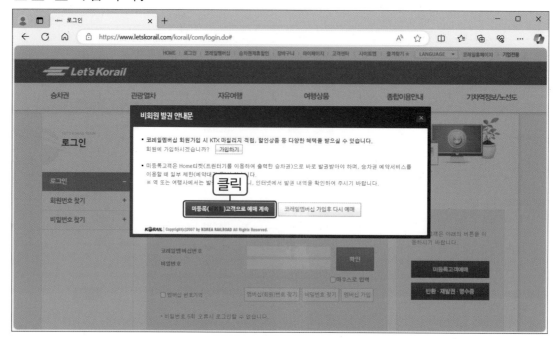

08 승차권 예약에 필요한 '정보'를 입력한 후 '개인정보 수집 및 이용에 대한 안내 동의'에 체크합니다. 마지막으로 화면 하단의 [신청하기] 버튼을 클릭합니다.

알아두기 이후 진행 단계 안내

이후에는 승차권 예약정보를 확인하는 안내창이 나타난 후 결제단계로 넘어갑니다. 교재에서는 결제단계 전까지만 안내합니다.

활용마당

① '국토교통부 실거래가 공개시스템(rt.molit.go.kr)' 사이트에서 자신이 살고 있는 건물을 찾아 매매 거래내역을 확인해 봅니다.

② '국토교통부 실거래가 공개시스템(rt.molit.go.kr)' 사이트에서 자신이 살고 있는 건물을 찾아 전세 · 월세 거래내역을 확인해 봅니다.

❸ '레츠코레일(www.letskorail.com)' 사이트를 방문하여 '서울'에서 '대구' 까지의 일반승차권을 검색해 봅니다.

❹ '레츠코레일(www.letskorail.com)' 사이트를 방문하여 관광열차를 검색해 봅니다.

뚝·딱·뚝·딱 배우는 인터넷 Microsoft Edge

개정 3 판 1 쇄 발행	2024년 01월 19일
초 판 발 행	2016년 04월 28일
발 행 인	박영일
책 임 편 집	이해욱
집 필	IT교재연구팀
편 집 진 행	정민아
표 지 디 자 인	김도연
편 집 디 자 인	김세연
발 행 처	시대인
공 급 처	(주)시대고시기획
출 판 등 록	제 10-1521호
주 소	서울시 마포구 큰우물로 75 [도화동 538 성지 B/D] 9F
전 화	1600-3600
팩 스	02-701-8823
홈 페 이 지	www.sdedu.co.kr

I S B N	979-11-383-6515-4(13000)
정 가	10,000원

시대인은 종합교육그룹 (주)시대고시기획 · 시대교육의 단행본 브랜드입니다.